DAS FENG SHUI SET

DAS FENG SHUI SET

風水

Der perfekte Weg zu Gesundheit, Wohlstand und Glück – zu Hause und am Arbeitsplatz

Man-Ho Kwok
mit Joanne O'Brien

Aus dem Englischen von Diane von Weltzien

Goldmann Verlag

BITTE BEACHTEN SIE

In diesem Buch werden traditionelle chinesische Glaubensvorstellungen interpretiert, und es liegt im Ermessen des Lesers, über ihren Wert und Wahrheitsgehalt zu befinden. Gesunder Menschenverstand ist für die richtige Anwendung von Feng-Shui Voraussetzung, und die Autoren wie auch der Verlag können nicht für Unfälle oder Schäden an Personen oder Gegenständen haftbar gemacht werden, die aus der falschen Anwendung resultieren.

Die englische Originalausgabe erschien unter dem Titel *The Feng Shui Kit* bei Piatkus, London

Der Goldmann Verlag
ist ein Unternehmen der Verlagsgruppe Bertelsmann

1. Auflage

Satz: Setzerei Vornehm GmbH, München
Druck: Mandarin Offset, Hongkong
ISBN 3-442-30661-2

Inhalt

Die Erschaffung der Welt durch Pan Gu 7

Was ist Feng-Shui? 8

Bevor Sie beginnen 16

Wie man den Kompaß benutzt 22

Feng-Shui zu Hause 74

Feng-Shui am Arbeitsplatz 90

Feng-Shui draußen in der Natur 98

Nachwort 107

Literatur 108

Index der verwendeten chinesischen Schriftzeichen 108

Register 110

Danksagung 112

Weil er befürchtete, daß das Chaos die Welt erdrücken könnte, stemmte Pan Gu den Himmel und die Erde jahrhundertelang auseinander, bis er endlich, als er die Erde in Sicherheit glaubte, losließ.

Die Erschaffung der Welt durch Pan Gu

Von der Erschaffung der Welt in ihren zahlreichen Formen und mit ihren vielen Elementen, die so wichtig für Feng-Shui sind, wird in der Geschichte von Pan Gu erzählt. Pan Gu opferte sich, um Ordnung in das Chaos zu bringen, und gebar alles Leben.

Bevor die Zeit begann, existierte ein Ei von unfaßbarer Größe. Dunkelheit und Chaos füllten das Ei, und aus dem Chaos heraus wurde Pan Gu erschaffen. Von der Dunkelheit genährt, entwickelte er sich nur langsam, und achtzehntausend Jahre wußte er nichts von dem Leben außerhalb des Eis.

Eines Tages wurde er von einer plötzlichen, ruckartigen Bewegung geweckt, aber er konnte wegen der Dunkelheit nichts erspähen. Anfangs fürchtete er sich, doch seine Furcht schlug in Zorn über sein Eingesperrtsein um. Er schlug mit den Fäusten um sich und zertrümmerte die harte schwarze Schale des Eis.

Dunkelheit floß aus dem Ei hinaus, aber so geschah es auch mit dem Licht, das seit Tausenden von Jahren verborgen gewesen war. Alles, was klar und hell war, erhob sich in den Himmel, und alles, was trüb und schwer war, fiel auf die Erde. Für eine lange Zeit waren Himmel und Erde scharf voneinander getrennt. Aber Pan Gu fürchtete, daß die Helligkeit nach unten in die Dunkelheit fallen könnte, und deshalb stützte er den Himmel mit seinen Händen nach oben ab und hielt die Erde unten mit seinen Füßen fest.

Die Jahre vergingen, und der Himmel und die Erde rückten noch weiter auseinander, doch Pan Gu gönnte sich keine Pause. Weitere achtzehntausend Jahre verstrichen, und Himmel und Erde waren nun so weit voneinander entfernt, daß man sie nicht mehr sehen konnte. Aber noch immer wollte Pan Gu nicht loslassen, damit das Chaos nicht noch einmal zurückkehrte. Weitere zehntausend Jahre verflossen, und schließlich wußte Pan Gu, daß die Erde in Sicherheit war. Endlich ließ er los, doch als er den Kopf senkte, da brach er zu Tode erschöpft zusammen.

Bevor er starb, stieß er einen letzten Atemzug aus, aus dem der Wind und die Wolken wurden. Seine tiefe Stimme erhob sich wie Donner. Sein linkes Auge flog in den Himmel und wurde zur Sonne, und sein rechtes folgte bald, um sich in den Mond zu verwandeln. Der leblose Körper Pan Gus fiel auf die Erde. Seine Glieder und sein Rumpf wurden zu Ebenen, Hügeln und Bergen, und sein Blut floß über die Erde und füllte Flüsse und Seen. Seine Muskeln verwandelten sich in Erde, und seine Sehnen wurden zu Wegen und Straßen. Sein dickes graues Haar und sein langer Bart erhoben sich und nahmen den Platz der Sterne am Himmel ein, und seine feinen Körperhaare sanken in die Erde, um dort als Gras, Bäume und Blumen Wurzeln zu schlagen. Seine Knochen, Zähne und sein Knochenmark verwandelten sich zu glitzernden Rubinen, zu Jade und anderen Edelsteinen.

Pan Gu hatte sich selbst der Welt geopfert und auf diese Weise alles Leben geboren.

ERSTES KAPITEL

Was ist Feng-Shui?

Haben Sie schon einmal ein fremdes Haus betreten und sich dort sofort heimisch gefühlt oder in einem Garten gesessen, in dem alles so friedlich zu sein schien? Oder vielleicht gibt es bei Ihnen zu Hause ein Zimmer, in dem Sie sich unwohl fühlen, ohne sagen zu können, warum? Was uns hier rätselhaft bleibt, kann durch *Feng-Shui* erklärt werden, durch diese alte chinesische Kunst, unsere räumliche Umgebung so in Harmonie zu bringen, daß sie uns Glück, Wohlstand und Gesundheit zu schenken vermag. Die Kräfte des Himmels und der Erde können sich an einem Ort in Balance befinden, an einem anderen aber in Aufruhr. Ohne es zu wissen, haben Sie vielleicht den Fluß des *Qi*, jener lebenspendenden Energie, von der die Chinesen glauben, daß sie durch unseren Körper und unsere Umgebung fließt, durch die falsche Plazierung eines Tisches oder Betts unterbrochen. Oder möglicherweise befindet sich ein Baum zu nahe bei ihrem Haus, oder der Zaun Ihres Gartens ist zu hoch. Ein professioneller Feng-Shui-Meister* würde bald die Quelle Ihrer Sorgen herausfinden und Ihnen Veränderungen vorschlagen. Doch ist Feng-Shui mehr als das Verstehen Ihrer örtlichen Umgebung zu Ihrem unmittelbaren Gewinn und Vorteil. In letzter Konsequenz ist Feng-Shui eine

** Die Kunst der Feng-Shui wurde ursprünglich von Männern ausgeübt, deshalb wird der Begriff »Meister« benutzt. Heute jedoch wird Feng-Shui von Männern und Frauen gleichermaßen erfolgreich praktiziert, obgleich die Mehrzahl der Experten noch immer Männer sind.*

Möglichkeit, die geheimnisvollen Kräfte des Kosmos leichter zu verstehen. Doch gleichzeitig bietet es einen praktischen Ansatz für Landschaftsplanung, Architektur und Inneneinrichtung. Schon vor über zweitausend Jahren waren sich die Chinesen der Notwendigkeit bewußt, die Landschaft zu bewahren, nicht nur aus ästhetischen Gründen, sondern im Sinne eines frühen Umweltschutzes. Das folgende Gesuch zur Eindämmung intensiver Weidewirtschaft stammt von dem Weisen Mencius aus dem vierten vorchristlichen Jahrhundert:

> *Die Wälder auf dem Kuhberg waren einstens schön. Aber weil er in der Nähe der Markung einer Großstadt lag, wurden sie mit Axt und Beil gefällt. Konnten sie da schön bleiben? Doch wirkte Tag und Nacht die Lebenskraft, Regen und Tau feuchteten den Boden; so fehlte es denn nicht, daß neue Triebe und Sprossen wuchsen. Da kamen die Rinder und Schafe dahinter und weideten sie ab. Nun steht er kahl da. Und wenn die Menschen ihn in seiner Kahlheit sehen, so meinen sie, er sei niemals mit Bäumen bestanden gewesen. Aber wie will man behaupten, das sei die Natur des Berges? Und ganz ebenso verhält es sich mit den Menschen. Wie kann man sagen, daß sie nicht Liebe und Pflicht in ihrem Herzen haben? Aber wenn einer sein echtes Herz verlorengehen läßt, so ist das gerade, wie wenn Beil und Axt in den Wald kommen. Wenn er Morgen für Morgen es verwüstet, kann es da gut bleiben?*
>
> (*Mong Dsi, Die Lehrgespräche des Meisters Meng K'o*, übersetzt von Richard Wilhelm)

Kernstück von Feng-Shui ist der Wunsch, die Macht und Kraft der Natur anzuerkennen und in Harmonie mit ihr zu leben. Die Schriftzeichen bedeuten wörtlich Wind/Wasser und beziehen sich auf den dynamischen, formgebenden Effekt, den diese beiden Elemente auf die Landschaft haben. Feng-Shui steht auch für den Einfluß der natürlichen Umgebung, der in verborgenen Kräften zum Ausdruck kommt. Feng-Shui-Praktizierende würden sagen, daß man sich selbst gefährdet, wenn man natürliche Gegebenheiten übersieht oder zerstört. Durch die Mißachtung der natürlichen Ordnung, Dao, wird das Gleichgewicht zwischen Yin und Yang, den beiden grundlegenden Kräften des Universums, gestört. Eine Erklärung, wie Yin und Yang entstanden sind, gibt der folgende Text des konfuzianischen Philosophen Zhou Dunyi aus dem elften nachchristlichen Jahrhundert. Hier wird Dao als das Höchste Letzte bezeichnet.

> *Das Höchste Letzte bewegt sich und schafft das Yang. Hat die Bewegung ihr Äußerstes erreicht, kehrt sie zurück zur Stille. Durch diese Stille wird das Yin geschaffen. Hat die Stille ihr Extrem erreicht, geht sie wieder in Bewegung über. Bewegung und Stille wechseln einander ab und bedingen einander. Wenn Yin und Yang gesondert wirken, sind die Zwei Kräfte klar erkennbar. Durch die Vereinigung von Yin und Yang wandeln sie sich um in die Fünf Elemente Feuer, Wasser, Holz, Metall und Erde. Diese fünf Atem (Qi) verbreiten sich in harmonischer Ordnung, und die vier Jahreszeiten werden geschaffen.* (*Chou Tun-i, T'ai-chi-t'u*, übersetzt von Ingrid Fischer-Schreiber)

Die Chinesen glauben, daß zwischen diesen beiden Kräften ein dynamisches Wechselspiel besteht, das alles Leben erschafft und erhält. Yin ist weiblich, kühl und wäßrig; es ist die Kraft in Mond, Luft und Wasser. Yang ist männlich, schwer und heiß; es ist die Kraft in Erde und Sonne, in Donner und Feuer. In allem, was existiert, sind Yin und Yang in unterschiedlichen Mischungsverhältnissen, die einem ständigen Wandel unterworfen sind, enthalten.

Das natürliche, harmonische Zusammenspiel von Yin und Yang ist auch auf der inneren persönlichen Ebene von großer Wichtigkeit. Wesensart und Gesundheitszustand eines Menschen spiegeln die innere Balance von Yin und Yang wider, die allerdings durch die Gegenstände, mit denen sich jemand umgibt, durch die Umgebung, für die er sich entscheidet, und durch den Grad des Einflusses, den er physisch auf seine natürliche Umgebung nimmt, Veränderungen unterworfen ist. Das birgt eine Vielzahl von Problemen. Das Abholzen von Bäumen und das Umleiten von Flußläufen kann zum Beispiel auf der ökologischen Ebene zu Überflutungen oder Dürren führen. Auf der individuellen Ebene können die Auswirkungen von einem erhöhten Feuchtigkeitsgehalt in der Wohnung bis zu schlaflosen Nächten, von Karriereschwierigkeiten bis zu kleineren Krankheiten reichen. Wenn der Feng-Shui-Experte auf der individuellen Ebene arbeitet, dann kann er im schlimmsten Fall den Vorschlag machen, in ein anderes Haus zu ziehen. Jedoch sind solche Situationen selten. Normalerweise bedürfen die Veränderungen, zu denen geraten wird, keines großen Zeit- oder Geldaufwands.

Feng-Shui hat sich sein hohes Ansehen in vielen Teilen des Fernen Ostens bewahrt, insbesondere in Hongkong, wo es zur Lösung einer Vielfalt von Problemen herangezogen wird. Bevor man mit der Errichtung eines Gebäudes beginnt, wird normalerweise dem Architekten oder Planer ein Feng-Shui-Meister zur Seite gestellt. Eine vollständige Analyse kann notwendig sein, egal, ob es sich um ein fünfzigstöckiges Bürohochhaus oder um eine Einzimmerwohnung handelt. Oder ein Feng-Shui-Experte wird zu Rate gezogen, wenn die Geschäfte schlechtergehen. Ein Aktenschrank ist dann vielleicht umzustellen, oder es muß ein Durchgang an einer anderen Stelle in der Wand geschaffen werden. Bei einem Kind, das kränkelt oder in der Schule nicht die erwarteten Leistungen erbringt, mag die Lösung vielleicht darin liegen, die Höhe und Größe seines Schreibtischs zu verändern oder sein Bett anders zum Fenster zu drehen. Selbst wenn kein Platz vorhanden ist, um das Bett umzustellen, oder Veränderungen nicht möglich sind, kann immer eine Teillösung gefunden werden. Ein gutplazierter Spiegel oder eine grüne Blattpflanze vermag einem Raum die Harmonie zurückzugeben.

Die Geschichte von Feng-Shui

Man geht davon aus, daß die Wissenschaft des Feng-Shui ihren Ursprung in der Abhängigkeit der Chinesen von Boden, Feldfrüchten und Klima hat. Ihr Wohlergehen war untrennbar mit dem Ertrag des Ackerlandes und dem Wechsel der Jahreszeiten verbunden. Feng-Shui wurde auch dazu eingesetzt, um geeignete Begräbnisstätten zu bestimmen, da man glaubte, daß das Glück der Lebenden vom Wohlergehen ihrer verstorbenen Vorfahren abhing. Wenn sich Gräber in tiefen Senken oder auf der Witterung besonders ausgesetzten Anhöhen befanden, dann würden möglicherweise die Geister der Toten nicht zur Ruhe kommen, und folglich hätten ihre lebenden Verwandten unter Unglück oder schlechter Gesundheit zu leiden. Die Verbindung mit den Toten wurde darüber hinaus durch das jährliche Fest Qing Ming betont, das man nutzte, um die Gräber der Toten zu besuchen und den Verstorbenen Speiseopfer darzureichen. Auch heute noch wird Qing Ming gefeiert, indem die Familie an der Begräbnisstätte ein Mahl miteinander teilt. Folglich sind die meisten chinesischen Friedhöfe an den Südhängen der Berge angelegt, um sie vor den kalten Nordwinden zu schützen. Der Hang selbst ist im allgemeinen frei von Felsen und Schluchten, damit das Qi dort ungehindert fließen kann.

Die Vorstellung, daß ein gut gewählter Platz das Schicksal günstig beeinflußt, galt auch für die Lebenden in ihrem Zuhause. Die gleichen grundlegenden Prinzipien kamen zur Anwendung: ein nach Süden ausgerichteter, gut geschützter Platz, ausreichende Bewässerung und Licht wie Schatten nach individuellem Bedürfnis. Unweigerlich konnte nicht jeder Landstrich solche idealen Bedingungen bieten, also schlugen die Feng-Shui-Meister gezielte Veränderungen vor, die es dem Qi gestatten sollten, frei zu zirkulieren, oder aber um schädliche Einflüsse einzudämmen, die aus stehenden Gewässern, steilen, windgepeitschten und hervortretenden Felsformationen, von Wasser vollgesogenen Böden oder aus ungeschützt liegenden Felder resultieren könnten.

Feng-Shui wird seit mindestens dreitausend Jahren praktiziert, doch die ihm zugrundeliegenden Symbole und seine Philosophie reichen weit in frühere Zeiten zurück. Ein Großteil der frühen Schriften über Feng-Shui existiert nicht mehr, doch gibt es noch zwei Bücher, die Feng-Shui-Meister bis zum heutigen Tag stark beeinflussen: Das erste beschäftigt sich mit Friedhöfen und stammt aus dem vierten Jahrhundert, das zweite mit Wohnbauten aus dem fünften Jahrhundert. Die Praxis des Feng-Shui erfreute sich in China stets großer Beliebtheit. Einem Feng-Shui-Experten gab man den Ehrentitel *Xiansheng*, und oft wurde er in einer Sänfte von einem Bauplatz zum anderen getragen. Seine Beratungstätigkeit konnte entweder Hauptberuf oder mehr Nebentätigkeit sein, und die Bezahlung erfolgte in der Regel in Form von Gastfreundschaft statt durch die Zahlung eines Honorars.

Es dauert bis heute meist viele Jahre, um die Kunst und Wissenschaft des Feng-Shui zu erlernen, die vom Lehrer an den Schüler weitergereicht wird. Obwohl die Prinzipien im Grunde genommen von jedem erlernt werden können, so haben doch die Feng-Shui-Meister Zugang zu einem reichen Wissen; sie sind Führer in die Welt der Natur, und ihren Entscheidungen werden weitreichende Konsequenzen nachgesagt. Heutzutage entschei-

Die Form des Erddrachen wird in Gebirgskämmen, Hängen und Tälern von Hügeln und Bergen gesehen.

det ein anerkannter Feng-Shui-Meister über große Geldsummen und ist viel eher mit Schlips und Kragen als in einem traditionellen Gewand anzutreffen.

Obwohl einzig ein Feng-Shui-Meister in der Lage ist, die Formen der Landschaft und Gebäude wirklich in Beziehung zu den kosmischen Kräften zu setzen, so ist doch die praktische Arbeit nicht allein sein Vorrecht. Es gibt grundlegende Beurteilungen, die jedermann erlernen kann.

Diese Fertigkeiten in Verbindung mit gesundem Menschenverstand, einem Gefühl für Farben, Formen und Standorte sind entscheidend, um die Umwelt und den eigenen Platz in ihr lesen und verstehen zu können.

Lebendigkeit und Atem der Landschaft

Feng-Shui ist reich an Zeichen und Symbolen, und die Kunst, es zu praktizieren, hängt von Ihrer Fähigkeit ab, in Ihrer Umgebung zu lesen und dort Bewegungen und Veränderungen wahrzunehmen. Berggipfel, Flußtäler und ungewöhnliche Landschaftsformationen werden alle mit einer Reihe von Tieren identifiziert. Der Drache kommt am häufigsten vor und wird nicht nur mit Landschaftsbildern assoziiert, sondern auch mit dem Himmel, dem Meer und den chinesischen Kaisern. In den Legenden steht der Drache für Stärke und Güte, er ist jedoch auch ein Symbol für die männliche Fruchtbarkeit. Er kann sich nach Belieben unsichtbar machen oder andere Gestalten annehmen. Er vermag sich in den Regenwolken zu entfalten oder zusammengerollt auf dem Meeresboden zu liegen. Er kann sich so klein wie eine Seidenraupe machen oder sich ausdehnen, bis er den ganzen Himmel füllt. Außerdem kennt die chinesische Mythologie vier Drachenkönige, die über die Meere des Nordens, Südens, Ostens und Westens herrschen, jene Meere, die die Grenzen der Welt darstellen.

Der Drache, der die Erde bewohnt, wird mit den Umrissen der Berge identifiziert. Bodenerhebungen stehen für die Adern des Drachen, und das Qi ist sein Blut. Wasser, das in Bächen den Berg hinunterfließt oder sich in unterirdischen Wasserläufen Bahn bricht, wird als Qi betrachtet, das durch den Körper des Drachen fließt. Dazu gibt es Hügel, Bergspitzen und Halbinseln, die mit Tigern, Affen, Hunden oder anderen Tieren in Verbindung gebracht werden. Sie sind entweder zum Sprung geduckt, um die zu verschlingen, die sich in der Nähe aufhalten, oder sie sind Beschützer, die den in ihrem Schatten lebenden Menschen Glück bringen.

Die Vorstellung, daß sich das Tierreich in den Formen der Landschaft widerspiegelt, bereichert die Naturbetrachtung um eine neue Dimension. Ein Ort ist voller Kraft, wo eine Kreatur sich erhebt oder duckt, wo sie schläft oder frißt. Und Menschen, die bei einer solchen Tiergestalt leben, werden notgedrungen von ihr beeinflußt. Es sind jedoch nicht nur Tiere, die in den Formen der Landschaft erblickt werden; Felsen vermögen durch ihre Gestalt auch andere Einflüsse auf das umliegende Land zu symbolisieren. So können sie zum Beispiel wie ein Bleistift oder ein Buch aussehen und für Gelehrsamkeit stehen oder die akademi-

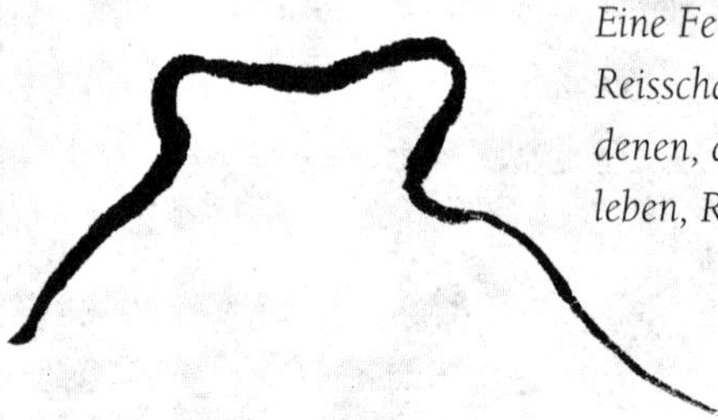

Eine Felsformation, die einer Reisschale ähnelt, verspricht denen, die in ihrer Nähe leben, Reichtum.

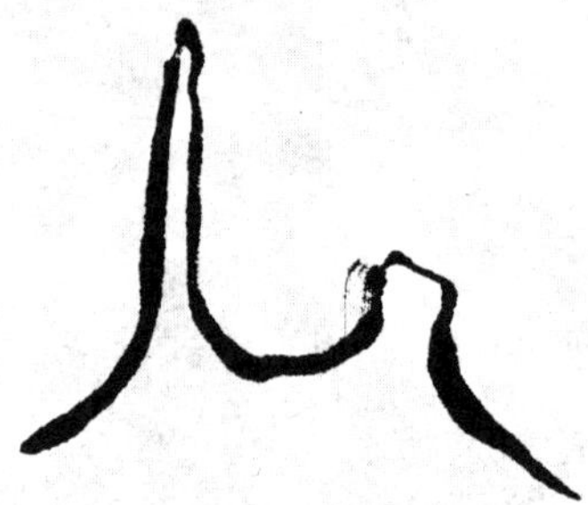

Eine Felsformation, die wie ein Bleistift in den Himmel ragt, steht für Gelehrsamkeit und verspricht den in der Nähe Wohnenden akademischen Erfolg.

Auch menschliche Züge können in Felsformationen gesehen werden. Die Form eines Kopfes symbolisiert einen Wächter, der die umliegenden Häuser beschützt.

sche Karriere der Anwohner fördern. Oder sie ähneln einer Reisschale, die von den in der Nähe lebenden Menschen als Zeichen für Wohlstand verstanden wird. Manche Felsformationen spiegeln sogar die Gestalt von Menschen wider.

Wasser ist für die Erhaltung des natürlichen Gleichgewichts der Umgebung genauso bedeutsam wie Land. Flüsse sind die energetischen Bahnen, auf denen das Qi durch die Erde getragen wird, sie werden auch als Drachen oder Schlangen beschrieben, beziehungsweise sieht man in ihren Windungen, Abzweigungen und Schleifen einen Wasserdrachen. Eine frühe Feng-Shui-Interpretation von Flüssen und anderen Wasserläufen ist in einem alten Text zu finden, der auf das sechste nachchristliche Jahrhundert datiert wird. Das fünfte Kapitel unseres Buches enthält Abbildungen, die Ihnen auf der Basis dieser frühen Interpretationen zeigen, welche Grundstücke in der Nähe von Wasserläufen glück- oder unglückbringend sind.

In unkontrolliertem Zustand kann der Wasserdrache verheerende Auswirkungen haben, gebändigt stellt er jedoch eine Quelle der Fruchtbarkeit dar. Der Wasserdrache vermag auch, in den Himmel zu fliegen, dort Regen zu produzieren, die Gezeiten zu beeinflussen und Taifune oder Dürren auszulösen. Im Feng-Shui ist diese mythische Gestalt eine höchst lebendige Kraft; sie muß sowohl beobachtet als auch respektiert werden, damit ein natürliches Gleichgewicht zwischen Land und Wasser hergestellt werden kann.

Qi

Das Leben eines Menschen wird vom Qi bestimmt, dem Lebensatem oder der Lebensenergie. Charakter, Körperhaltung und Gesundheit spiegeln den Fluß des Qi durch den Körper wider. Qi haucht auch der Natur Leben ein und läßt die Flüsse fließen, die Pflanzen wachsen und die Feldfrüchte reifen. So wie Qi durch Land und Wasser strömt, so sammelt es sich auch an bestimmten Stellen in der Erde an oder verflüchtigt sich; dieses Phänomen wird als Erd-Qi bezeichnet. Die Wirkung des Qi wurde im zwölften nachchristlichen Jahrhundert durch den chinesischen Philosophen Zhu Xi beschrieben:

Himmel und Erde sind von Li, dem Prinzip, und von Qi, der Materie, durchdrungen. Li ist das Dao, alles, was über die Form hinausgeht, und die Wurzel, aus der alle Dinge entstehen. Qi ist das Instrument, das alle Formen schafft, und die Werkzeuge und Rohmaterialien, aus denen und mit denen alle Dinge gemacht werden. Also müssen der Mensch und alle Dinge mit ihm dieses Li im Augenblick ihrer Seinswerdung empfangen und so ihre spezifische Natur erhalten; auf die gleiche Weise müssen sie auch ihr Qi erhalten und mit ihm ihre Form.

(Aus: Joseph Needham, *Science and Civilisation in China, History of Scientific Thought*)

Li legt die Ordnung und Harmonie des Lebens fest, und Qi haucht dieser Ordnung Leben ein. Genauso wie Yin und Yang voneinander abhängig sind, so können auch Li und Qi nicht ohne einander sein. Qi nimmt beständig zu und ab, erblüht und verwelkt, fließt schnell oder stagniert. Die Fähigkeit, den Verlust oder die Anhäufung von Qi an einem beliebigen Ort zu spüren, ist eine entscheidende Voraussetzung für Ihren Erfolg in der Arbeit mit Feng-Shui.

Das Qi, das durch die Adern des Landdrachen fließt, schenkt dem Land Leben. Qi verflüchtigt sich schnell auf freiliegenden Bergspitzen und in rasch fließenden Flüssen oder Bächen, sammelt sich jedoch in Teichen und trägen Gewässern. Seen und tiefe Täler lassen das Qi langsamer strömen; sie sind im allgemeinen Orte des Friedens und der Kontemplation und als solche Widerspiegelungen von Yin. Felder und aus der Ebene hervortretende Felsformationen, die dem Wind ausgesetzt sind, haben eine kraftvollere und lebhaftere Aura und sind als solche Widerspiegelungen von Yang.

Wenn Qi sich in einem Raum oder Haus frei bewegen kann, dann schafft dies eine angenehme und einladende Atmosphäre; an einem solchen Ort finden sich ausgewogene Lichtverhältnisse und eine angenehme Temperatur, die Farben erscheinen weder zu matt noch zu grell. Ohne daß Sie sich dessen bewußt werden, spüren Sie vielleicht die positive Bewegung von Qi an einer bestimmten Stelle – es schenkt Ihnen ein Gefühl von Wohlbefinden und Harmonie.

Während Qi manchen Bereichen Leben einhaucht, kann es sich in anderen verflüchtigen und welken und so *Sha* den Zutritt gewähren. Sha ist der Atem, der Leben fortnimmt – also das

Gegenteil von Qi –, und eine negative Kraft. Es kann sich in stehenden Gewässern und in schlecht entwässerten Böden anreichern. Sha steigt von der Erde auf oder manifestiert sich in scharfen, kalten Winden, die schützende Wände oder aus der Ebene hervortretende Felsschichten durchdringen. Es gibt auch eine besondere Art Sha, die sich entlang von natürlichen sowie künstlichen, von Menschen geschaffenen geraden Linien bewegt wie zum Beispiel Flüssen, Kanälen, Eisenbahnstrecken oder Telefon- und Stromleitungen. Dieser Sha-Einfluß kann durch einen Zaun, einen Wandschirm oder eine Reihe von Bäumen gemindert werden. Die Folgen einer Akkumulation von Sha beeinträchtigen nicht nur allgemein die natürliche Umgebung, sondern auch die individuelle Gesundheit und den Wohlstand.

Himmels-Qi

Es gibt noch einen weiteren Aspekt des Qi, der den Zyklus der Jahreszeiten beherrscht und *Himmels-Qi* genannt wird. Das Jahr wird in vier Jahreszeiten gegliedert – Frühling, Sommer, Herbst und Winter –, aber es wird auch in die sechs Phasen des Himmels-Qi aufgeteilt, die das Ausdehnen und Zusammenziehen des Qi im Jahreslauf markieren. Diese sechs Phasen werden noch einmal in vierundzwanzig Abschnitte aufgegliedert, die unterschiedliche klimatische, landwirtschaftliche oder solare Muster bezeichnen (siehe nebenstehende Tabelle).

Dieser Prozeß von Bewegung, Wachsen und Schwinden wird auch durch das lebendige Zusammenspiel von Yin und Yang dargestellt. Naht der Frühling, so wächst Yang, und Yin schwindet. Yang erreicht im Sommer seinen Höhepunkt und beginnt dann zu schwinden, um ersetzt zu werden durch Yin, das seinen Aufstieg im Herbst beginnt und seine volle Kraft in den Wintermonaten entfaltet.

Das I Ging

Der Prozeß der Veränderung und das Zusammenspiel von Yin und Yang werden in einem alten chinesischen Weissagungstext beschrieben, den man *I Ging* oder *Buch der Wandlungen* nennt. Die im *I Ging* enthaltenen Trigramme, die aus geteilten und ungeteilten Linien bestehen, sind Fu Xi, einer mythischen Gestalt, die der Menschheit die Zivilisation gebracht haben soll, zugeschrieben worden. Es heißt, daß der Gelbe Drache, der dem Fluß Luo ent-

Die Phasen des Himmels-Qi	Die 24 Phasen des Sonnenkalenders (二十四节气)
Wachsendes Qi	Frühlingsanfang 立春 Regen Wasser 雨水 Insekten erwachen 惊蛰 Frühlings-Tagundnachtgleiche 春分
Sich ausdehnendes Qi	Klar und hell 清明 Getreide Regen 谷雨 Sommeranfang 立夏 Getreide entwickelt sich 小满
Voll entwickeltes Qi	Ähre ist entwickelt 芒种 Sommersonnenwende 夏至 Kleine Hitze 小暑 Große Hitze 大暑
Sich wandelndes Qi	Herbstanfang 立秋 Hitze endet 处暑 Weißer Tau 白露 Herbst-Tagundnachtgleiche 秋分
Gesammeltes Qi	Kalter Tau 寒露 Rauhreif fällt 霜降 Winteranfang 立冬 Kleiner Schnee 小雪
Verborgenes Qi	Großer Schnee 大雪 Wintersonnenwende 冬至 Kleine Kälte 小寒 Große Kälte 大寒

stieg, dem Kaiser Fu Xi die Grundlagen der Schrift gab. Über die Legenden hinaus, die sich um das *I Ging* ranken, kann niemand eine genaue Aussage über seine Entstehungszeit oder über seinen Schöpfer machen. Sicher ist nur, daß dieses Wahrsagesystem auf die Zeit vor dem zwölften vorchristlichen Jahrhundert zurückgeht.

Yin und Yang werden traditionell durch gerade Linien abgebildet. Es heißt, daß der Ursprung dieser Linien auf die Risse in einem früher als Orakel benutzten Schildkrötenpanzer zurückgeht. Bedurfte man einer Entscheidungshilfe oder der Führung für die Zukunft, so wurde in einen Schildkrötenpanzer ein Loch gebohrt und ein erhitzter Stock hineingesetzt. Die Risse, die daraufhin in dem Panzer entstanden, deutete ein Schamane, ein Mittler zwischen der menschlichen und der Geisterwelt.

Im *I Ging* wird Yin durch eine unterbrochene Linie (⚋) dargestellt und Yang durch eine ununterbrochene (⚊). Wenn drei Yin- oder Yang-Linien übereinander aufgebaut sind, so bezeichnet man die neu entstandene Form als Trigramm. Insgesamt gibt es acht Trigramme, und jedes von ihnen steht für ein Naturelement (siehe Tabelle rechts).

Werden jeweils zwei Trigramme zusammengeführt, so entstehen vierundsechzig Kombinationsmöglichkeiten, die man Hexagramme nennt (siehe Seite 28). Jedem Hexagramm im *I Ging* wird ein Urteil zugeordnet. Diese kurzen Kommentare sind König Wen zugeschrieben worden, der 1160 vor Christi Geburt in China über ein kleines Königreich herrschte. Weitere Anmerkungen gehen auf seinen Sohn, den Herzog von Zhou, zurück, und weitere fünfhundert Jahre später schrieb Konfuzius seine Kommentare zu den Hexagrammen. Auf diese Weise haben sich die traditionellen Interpretationen der Hexagramme langsam über die Jahrhunderte entwickelt.

Die Positionen der Yin- und Yang-Linien in jedem Hexagramm symbolisieren ihr ununterbrochenes Zusammenspiel und ihre Dynamik. Sie zeigen, daß wir uns beständig im Wandel befinden und daß wir durch diesen Prozeß dem natürlichen und ewigen Weg, dem Dao, folgen. Das Dao spricht davon, mit der Natur zu fließen, sich Hindernissen zu beugen und die Weisheit zu erlangen, die Gesetze der Natur nicht nur in der uns umgebenden Welt, sondern auch in uns selbst zu erkennen. Feng-Shui ist ein Weg, um das Reisen im Fluß des Dao zu erlernen, und das *Feng-Shui-Set* wird es Ihnen ermöglichen, die Feng-Shui-Regeln auf Ihre Umwelt anzuwenden. Das nächste Kapitel wird Ihnen zeigen, wie.

☲	Li	Feuer
☷	Kun	Erde
☱	Dui	See
☰	Qian	Himmel
☵	Kan	Wasser
☶	Gen	Berg
☳	Zhen	Donner
☴	Sun	Wind

ZWEITES KAPITEL

Bevor Sie beginnen

Langes Leben

Jeder, der Erfahrung mit Feng-Shui hat, ist dazu befähigt, anhand der Lage und Fruchtbarkeit eines Land- oder Grundstücks beziehungsweise der Lage und des Grundrisses eines Gebäudes zu erkennen, wo die Lebensenergie Qi zirkuliert. Der hier abgebildete traditionelle Feng-Shui-Kompaß wird dazu benutzt, noch detailliertere Angaben zu machen, und besteht aus diesem Grund manchmal aus über dreißig konzentrisch angeordneten Ringen. Die Symbole, die auf jedem dieser Ringe eingraviert sind, stehen sowohl für reale als auch für vorgestellte Kräfte, Phänomene und Wesen. Ein derart detaillierter Kompaß ist dazu gedacht, den Kosmos nachzubilden.

Der vereinfachte und eigens für das *Feng-Shui-Set* entworfene Kompaß mit seinen acht Ringen enthält ebenfalls viele traditionelle chinesische Zeichen und Symbole, die Ihnen dabei helfen, glückbringende Standorte zu erkennen und das Gleichgewicht zwischen Yin und Yang in einem bestimmten Raum einzuschätzen. Genauso wie ein traditioneller Feng-Shui-Kompaß wird er dazu verwendet herauszufinden, ob ein Zimmer, ein Haus oder ein Möbelstück eine positive Ausrichtung hat oder nicht. Es ist auch möglich, ein Gebäude von außen in seiner Gesamtheit zu bewerten. Die Informationen der folgenden Kapitel ermöglichen es Ihnen, die Bedeutung von Formen natürlicher Landschaften, von Straßen, Flüssen und Gebäuden zu verstehen, damit Sie auf dieser Basis zu einer gründlichen Einschätzung Ihrer Umgebung gelangen.

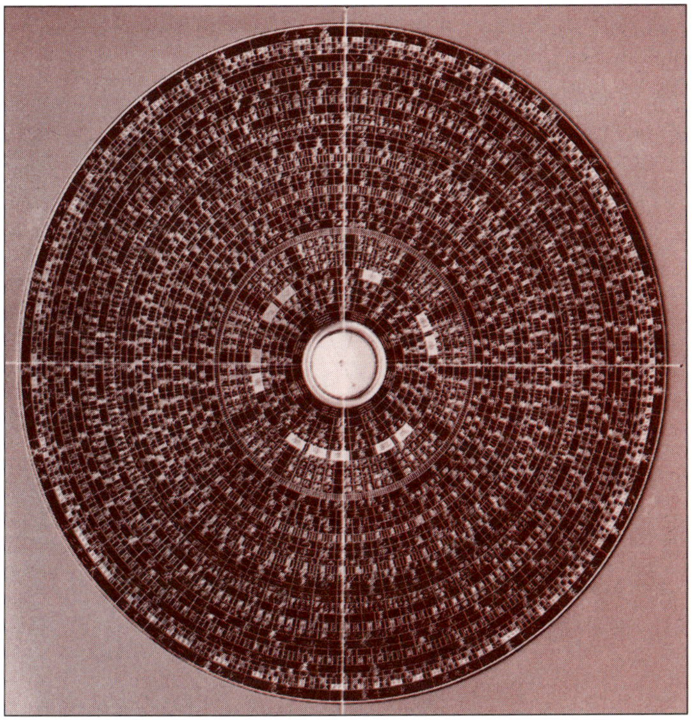

Ein traditioneller Feng-Shui-Kompaß.

Mit der Beschreibung eines jeden Kompaßrings werden Ihnen Vorschläge gemacht, wie Sie negative Einflüsse aufheben können. Sollten Sie jedoch feststellen, daß sich negative Aspekte häufen, dann ist es besser, einen neuen Standort zu wählen. Der Kompaß gibt Ihnen die Leitlinie vor, da jedoch die Wahl von Farbe, Form und Aussehen auch vom persönlichen Geschmack abhängig ist, sollten Sie ihn nur in Verbindung mit Ihrer subjektiven Bewertung und Intuition einsetzen. Zunächst jedoch müssen noch einige persönliche Details geklärt werden, damit die Anwendung des Feng-Shui-Kompasses für Sie auch wirklich von Nutzen ist.

Wie Sie Ihre persönliche glück- oder unglückbringende Himmelsrichtung berechnen

Die Kombination Ihrer glück- oder unglückbringenden Himmelsrichtung ergibt das, was man Ihren persönlichen *Ba-Zi-Kompaß* nennt. Damit Sie sich gegebenenfalls schnell darauf beziehen können, während Sie mit dem Feng-Shui-Kompaß arbeiten, müssen Sie herausfinden, welche der acht auf den folgenden zwei Seiten dargestellten Möglichkeiten auf Sie zutrifft. Auf diese Weise berechnen Sie Ihren persönlichen Ba-Zi-Kompaß (für Frauen und Männer gelten unterschiedliche Formeln):

Berechnung für Männer

- Subtrahieren Sie die beiden letzten Zahlen Ihres Geburtsjahres von 100, und dividieren Sie das Ergebnis durch 9.
- Der Rest ergibt die Nummer Ihres Kompasses.
- Sollte kein Rest übrigbleiben, so wählen Sie Kompaß Nummer 9.

Beispiel: Geboren 1962
- 100 – 62 = 38
- 38 : 9 = 4 Rest 2
- Ihr Ba-Zi-Kompaß ist die Nummer 2.

Berechnung für Frauen

- Subtrahieren Sie 4 von den letzten beiden Zahlen Ihres Geburtsjahres, und dividieren Sie das Ergebnis durch 9.
- Der Rest ergibt die Nummer Ihres Kompasses.
- Sollte kein Rest übrigbleiben, so wählen Sie Kompaß Nummer 9.

Beispiel: Geboren 1962
- 62 – 4 = 58
- 58 : 9 = 6 Rest 4
- Ihr Ba-Zi-Kompaß ist die Nummer 4.

Der Ba-Zi-Kompaß: Östliches Leben

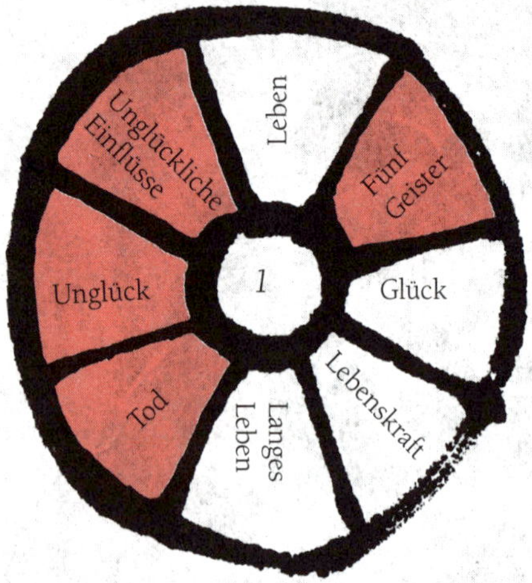

Ba-Zi-Kompaß Nummer 1
Element: Wasser
Trigramm: Kan

Glückbringende Richtungen

Unglückbringende Richtungen

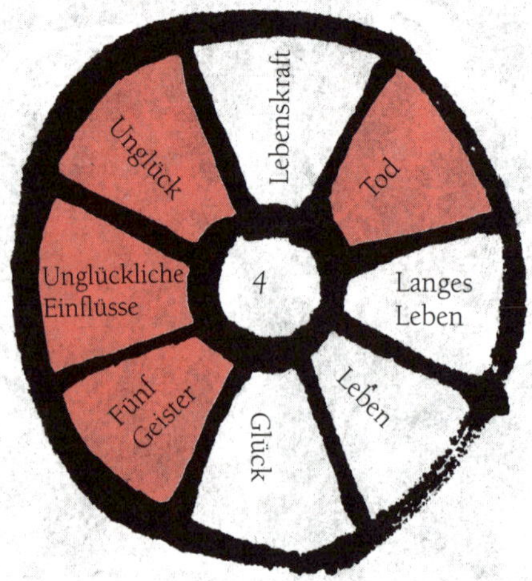

Ba-Zi-Kompaß Nummer 4
Element: Wasser
Trigramm: Sun

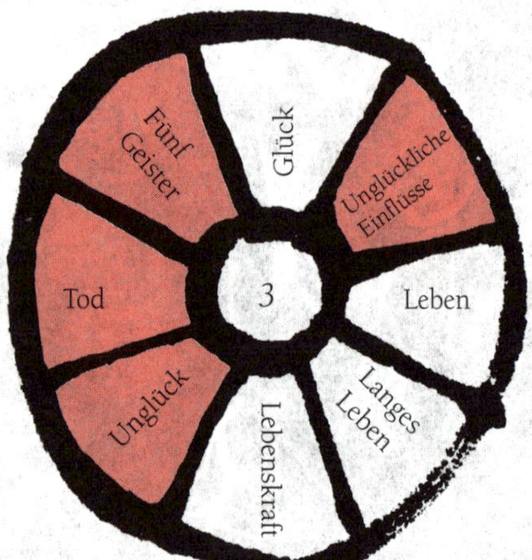

Ba-Zi-Kompaß Nummer 3
Element: Holz
Trigramm: Zhen

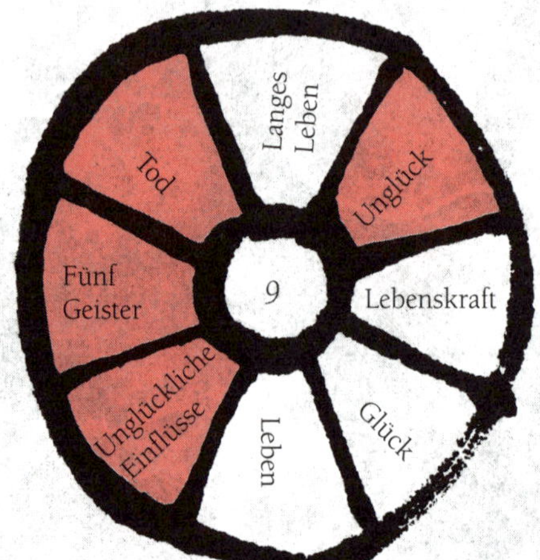

Ba-Zi-Kompaß Nummer 9
Element: Feuer
Trigramm: Li

Der Ba-Zi-Kompaß: Westliches Leben

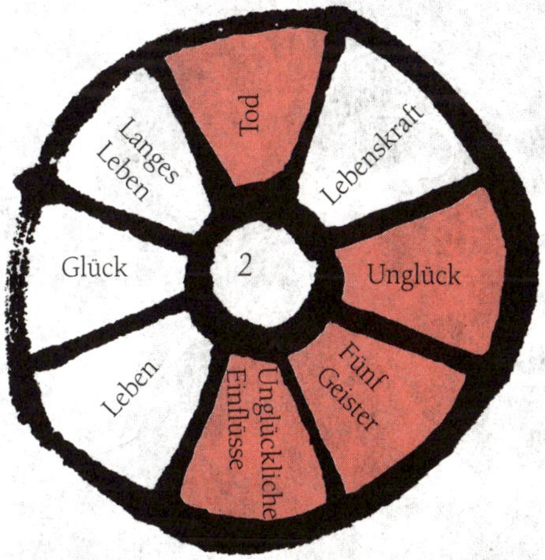

Ba-Zi-Kompaß Nummer 2
Element: Erde
Trigramm: Kun

Glückbringende Richtungen

Unglückbringende Richtungen

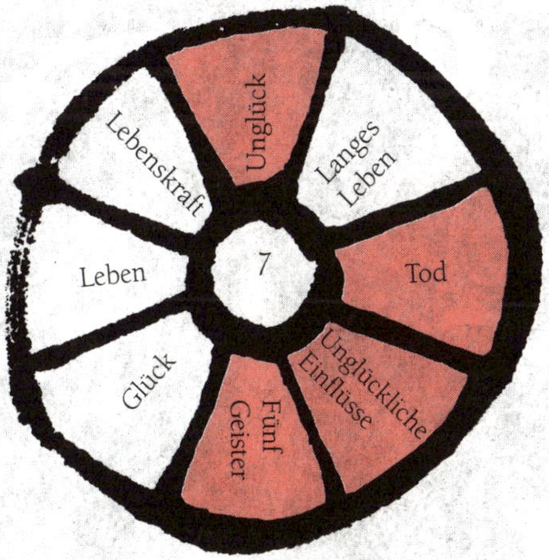

Ba-Zi-Kompaß Nummer 7
Element: Metall
Trigramm: Dui

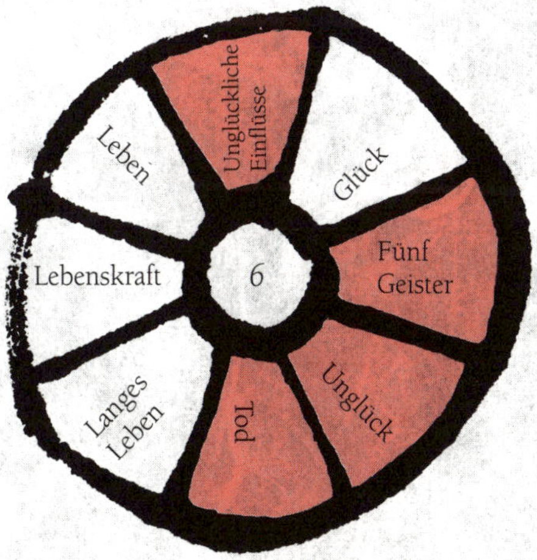

Ba-Zi-Kompaß Nummer 6
Element: Metall
Trigramm: Qian

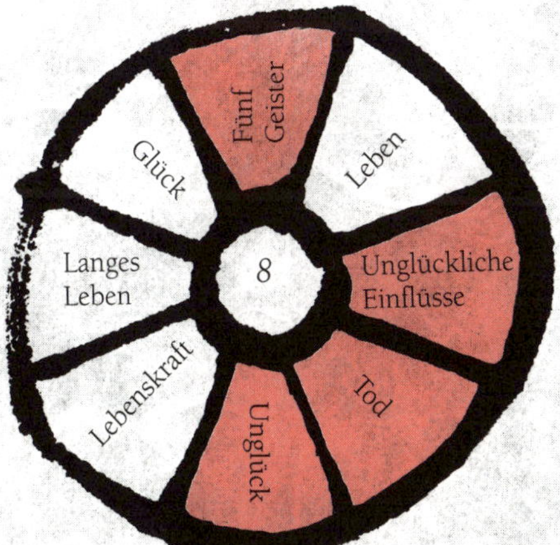

Ba-Zi-Kompaß Nummer 8
Element: Erde
Trigramm: Gen

Unter den vorangegangenen Diagrammen werden Sie den Kompaß gefunden haben, der Ihrer persönlichen Zahl entspricht. Für den nächsten Schritt sollten Sie die folgenden Informationen beachten:

Ist die Nummer Ihres Ba-Zi-Kompasses 1, 3, 4 oder 9, dann gehören Sie zu der Gruppe *Östliches Leben*. Ihre glückbringenden Himmelsrichtungen sind Osten, Südosten, Norden und Süden. Ist die Nummer Ihres Ba-Zi-Kompasses 2, 6, 7 oder 8, dann gehören Sie zu der Gruppe *Westliches Leben*. Ihre glückbringenden Himmelsrichtungen sind Westen, Südwesten, Nordwesten und Nordosten.

Die Nummer 5 wird traditionell mit dem Zentrum des Kompasses in Verbindung gebracht. In der chinesischen Geomantie ist das Zentrum eine wichtige Himmelsrichtung. Anders als die übrigen acht Ba-Zi-Kompasse trifft sie jedoch keine eigene Vorhersage. Sollte Ihre Berechnung die Nummer 5 ergeben, dann ersetzen Sie sie durch einen der folgenden Kompasse: Nummer 2 für Männer und Nummer 8 für Frauen.

Wenn Sie nun den Feng-Shui-Kompaß genauer betrachten, werden Sie feststellen, daß manche Himmelsrichtungen im zweiten Ring goldfarben unterlegt sind. Dies hat den Zweck, die zur Gruppe Östliches Leben gehörenden von jenen, die in die Gruppe Westliches Leben fallen, zu unterscheiden und Ihnen das Erkennen Ihrer glückbringenden Himmelsrichtungen zu erleichtern.

Wie Sie Ihr persönliches Element und Trigramm bestimmen

Jedem der acht Ba-Zi-Kompasse ist ein eigenes Element und ein eigenes Trigramm zugeordnet. Sie wurden auf den beiden vorangegangenen Seiten aufgeführt.

Holz, Feuer, Erde, Metall und Wasser sind die fünf Elemente der chinesischen Astrologie. Man stellt sich vor, daß sie in jeder Substanz lebendig und ein Teil des Wandlungsprozesses sind. Es ist die Kenntnis über die Wechselwirkung zwischen den Elementen, die einen Feng-Shui-Experten bei der Entscheidung unterstützt, ob ein bestimmter Platz glück- oder unglückbringend ist.

Die Trigramme bestehen jeweils aus drei Linien, die unterbrochen oder ununterbrochen sein können; erstere stehen für Yin und letztere für Yang. Yin und Yang sind dynamische Kräfte, die allem Leben im Universum Form und Gleichgewicht geben. Sie sind Teil unserer Gefühle, Gesundheit und Handlungen; sie kommen bei Pflanzen und Tieren, auf der Erde und im Himmel vor. Tatsächlich sind sie in unterschiedlichen Zusammensetzungen in allem, was wir sehen und nicht sehen können, vorhanden. Nichts ist oder bleibt ausschließlich Yin und Yang; alles, die ganze Welt, ist dem Wandel unterworfen. Deshalb sind die Linien, die Yin und Yang repräsentieren, in jedem Trigramm an einer anderen Position.

Wie Sie Ihr persönliches chinesisches Tierzeichen bestimmen

Ihr chinesisches Tierzeichen steht in Zusammenhang mit Ihrem Geburtsjahr, und anhand der Tabelle auf der gegenüberliegenden Seite werden Sie leicht erkennen, welches der zwölf Tiere zu Ihnen gehört. Es ist wichtig, auf den genauen Termin des chinesischen Jahresanfangs zu achten, denn Ihr Geburtsdatum könnte auch noch in das vorangehende Jahr fallen und Ihnen ein anderes Tierzeichen zuordnen. Die Tabelle deckt die Geburtsjahre 1900 bis 2019 ab.

Die chinesischen Tierzeichen

Geburtsjahr	chinesischer Jahresanfang	chinesisches Tierzeichen	Geburtsjahr	chinesischer Jahresanfang	chinesisches Tierzeichen	Geburtsjahr	chinesischer Jahresanfang	chinesisches Tierzeichen	Geburtsjahr	chinesischer Jahresanfang	chinesisches Tierzeichen
1900	31. Januar	Ratte	1930	30. Januar	Pferd	1960	28. Januar	Ratte	1990	27. Januar	Pferd
1901	19. Februar	Ochse	1931	17. Februar	Ziege	1961	15. Februar	Ochse	1991	15. Februar	Ziege
1902	8. Februar	Tiger	1932	6. Februar	Affe	1962	5. Februar	Tiger	1992	4. Februar	Affe
1903	29. Januar	Hase	1933	26. Januar	Hahn	1963	25. Januar	Hase	1993	23. Januar	Hahn
1904	16. Februar	Drache	1934	14. Februar	Hund	1964	13. Februar	Drache	1994	10. Februar	Hund
1905	4. Februar	Schlange	1935	4. Februar	Schwein	1965	2. Februar	Schlange	1995	31. Januar	Schwein
1906	25. Januar	Pferd				1966	21. Januar	Pferd			
1907	13. Februar	Ziege	1936	24. Januar	Ratte	1967	9. Februar	Ziege	1996	19. Februar	Ratte
1908	2. Februar	Affe	1937	11. Februar	Ochse	1968	30. Januar	Affe	1997	7. Februar	Ochse
1909	22. Januar	Hahn	1938	31. Januar	Tiger	1969	17. Februar	Hahn	1998	28. Januar	Tiger
1910	10. Februar	Hund	1939	19. Februar	Hase	1970	6. Februar	Hund	1999	16. Februar	Hase
1911	30. Januar	Schwein	1940	8. Februar	Drache	1971	27. Januar	Schwein	2000	5. Februar	Drache
			1941	27. Januar	Schlange				2001	24. Januar	Schlange
1912	18. Februar	Ratte	1942	18. Februar	Pferd	1972	15. Februar	Ratte	2002	12. Februar	Pferd
1913	6. Februar	Ochse	1943	5. Februar	Ziege	1973	3. Februar	Ochse	2003	1. Februar	Ziege
1914	26. Januar	Tiger	1944	25. Januar	Affe	1974	23. Januar	Tiger	2004	22. Januar	Affe
1915	14. Februar	Hase	1945	13. Februar	Hahn	1975	11. Februar	Hase	2005	9. Februar	Hahn
1916	3. Februar	Drache	1946	2. Februar	Hund	1976	31. Januar	Drache	2006	29. Januar	Hund
1917	23. Januar	Schlange	1947	22. Januar	Schwein	1977	18. Februar	Schlange	2007	18. Februar	Schwein
1918	11. Februar	Pferd				1978	7. Februar	Pferd			
1919	1. Februar	Ziege	1948	10. Februar	Ratte	1979	28. Januar	Ziege	2008	7. Februar	Ratte
1920	20. Februar	Affe	1949	29. Januar	Ochse	1980	16. Februar	Affe	2009	26. Januar	Ochse
1921	8. Februar	Hahn	1950	17. Februar	Tiger	1981	5. Februar	Hahn	2010	14. Februar	Tiger
1922	28. Januar	Hund	1951	6. Februar	Hase	1982	25. Januar	Hund	2011	3. Februar	Hase
1923	16. Februar	Schwein	1952	27. Januar	Drache	1983	13. Februar	Schwein	2012	23. Januar	Drache
			1953	14. Februar	Schlange				2013	10. Februar	Schlange
1924	5. Februar	Ratte	1954	3. Februar	Pferd	1984	2. Februar	Ratte	2014	31. Januar	Pferd
1925	24. Januar	Ochse	1955	24. Januar	Ziege	1985	20. Februar	Ochse	2015	19. Februar	Ziege
1926	13. Februar	Tiger	1956	12. Februar	Affe	1986	9. Februar	Tiger	2016	8. Februar	Affe
1927	2. Februar	Hase	1957	31. Januar	Hahn	1987	29. Januar	Hase	2017	28. Januar	Hahn
1928	23. Januar	Drache	1958	18. Februar	Hund	1988	17. Februar	Drache	2018	16. Februar	Hund
1929	10. Februar	Schlange	1959	8. Februar	Schwein	1989	6. Februar	Schlange	2019	5. Februar	Schwein

DRITTES KAPITEL

Wie man den Kompaß benutzt

Gedeihen

Sie können den Feng-Shui-Kompaß benutzen, um an einem beliebigen Ort im Inneren oder außerhalb eines Gebäudes Messungen vorzunehmen. Es ist möglich, nur ihn allein einzusetzen, doch werden Sie feststellen, daß die Messungen genauer sind, wenn Sie Ihren persönlichen Ba-Zi-Kompaß hinzunehmen. Für einen leichteren Einstieg in das Feng-Shui-System ist es zu empfehlen, die ersten Analysen im Inneren eines Gebäudes vorzunehmen.

Der Feng-Shui-Kompaß setzt sich aus zwei Skalenblättern zusammen. Das innere Skalenblatt, insgesamt aus sechs Ringen bestehend, muß als erstes bewegt werden, damit Sie die Angaben für eine bestimmte Himmelsrichtung ablesen können. Nachdem Sie diese innere Scheibe, den weiter unten beschriebenen Schritten folgend, eingestellt haben, bewegen Sie das äußere Skalenblatt mit seinen zwei Ringen so, daß sich das chinesische Tierzeichen, das Ihrem Geburtsjahr entspricht, in einer Linie mit Ihren ersten Messungsergebnissen befindet. Danach können Sie individuelle Angaben von jedem einzelnen Ring ablesen.

Das Kompaßzentrum, das die Kompaßnadel enthält, wird im Feng-Shui als Himmelsbecken bezeichnet. Das Himmelsbecken symbolisiert den Anfangspunkt des Qi. In diesem Bereich stehen Yin und Yang miteinander in Wechselwirkung, nehmen zu und ab, steigen auf und fallen wieder. Da Yin und Yang Wandlung auslösen und Lebensmuster erzeugen, steht das Kompaßzentrum auch für das Universum. In der traditionellen chinesischen Feng-Shui-Lehre zeigt die Kompaßnadel nach Süden. Bei dem hier vorliegenden Kompaß ist die Nadel, in Übereinstimmung mit westlichen Gewohnheiten, nach Norden ausgerichtet.

Am äußeren Rand des Feng-Shui-Kompasses finden sich die Linealmarken; diese werden Sie später für die Abrundung Ihrer Feng-Shui-Messungen benötigen (siehe Seite 71 f.).

Eine Messung vornehmen

Halten Sie den Kompaß flach auf der Handfläche, oder legen Sie ihn auf einer ebenen Unterlage ab. Er sollte in die Richtung weisen, die Sie untersuchen wollen. Es kommt nicht darauf an, wie herum Sie den Kompaß halten, achten Sie jedoch darauf, daß eine gerade Kante und nicht eine Ecke in die Richtung weist, die Sie begutachten wollen, damit einer der Nylonfäden auf die Himmelsrichtung Ihres Interesses ausgerichtet ist. Achten Sie auch darauf, daß Sie sich nicht zu nahe an Metallgegenständen befinden, da dies die Kompaßnadel ablenkt. Halten Sie den Kompaß ruhig, damit sich die Nadel auf der Nord-Süd-Achse einpendeln kann.

Erster Schritt: Das innere Skalenblatt

Der Kompaß besteht aus zwei beweglichen Scheiben. Zunächst sollten Sie lediglich die innere Scheibe drehen. Mitten durch das Zentrum des Himmelsbeckens zieht sich unterhalb der Nadel eine rote Linie; sie muß mit der Nadel in Nord-Süd-Richtung in Übereinstimmung gebracht werden. Indem Sie das innere Skalenblatt drehen, bewegen Sie auch diese rote Linie. Drehen Sie die Scheibe langsam, bis sich die auf der Nord-Süd-Achse eingependelte Kompaßnadel direkt über der roten Linie befindet. (Die beiden roten Punkte sollen rechts und links des weißen Nadelendes sichtbar sein.) Sie sind nun bereit, Ihre erste Messung vorzunehmen.

Das Untersuchungsergebnis für die von Ihnen gewählte Richtung setzt sich zusammen aus dem Trigramm, der glück- oder

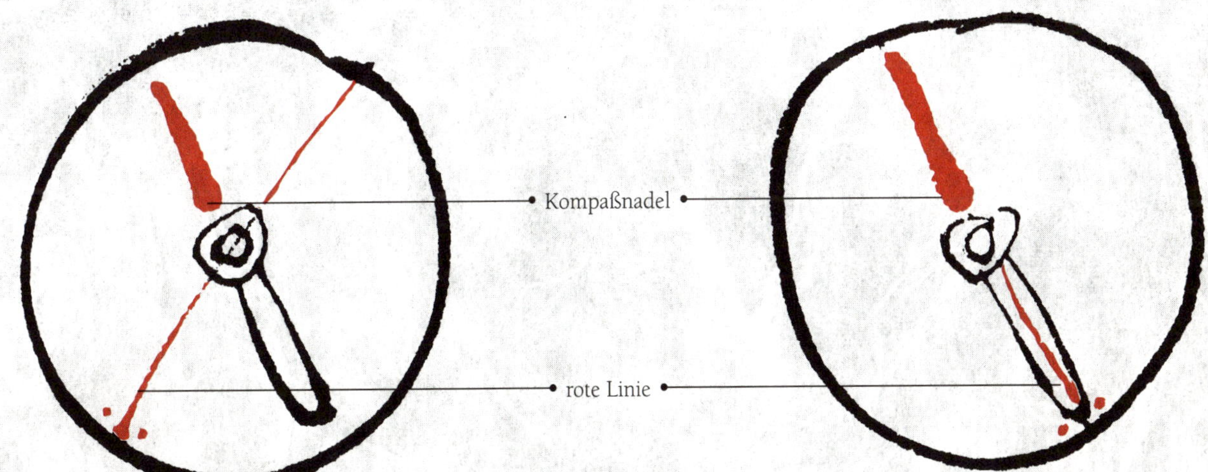

Drehen Sie das innere Skalenblatt so lange, bis sich die rote Linie direkt unter der Kompaßnadel und die beiden roten Punkte rechts und links von dem weißen Nadelende befinden.

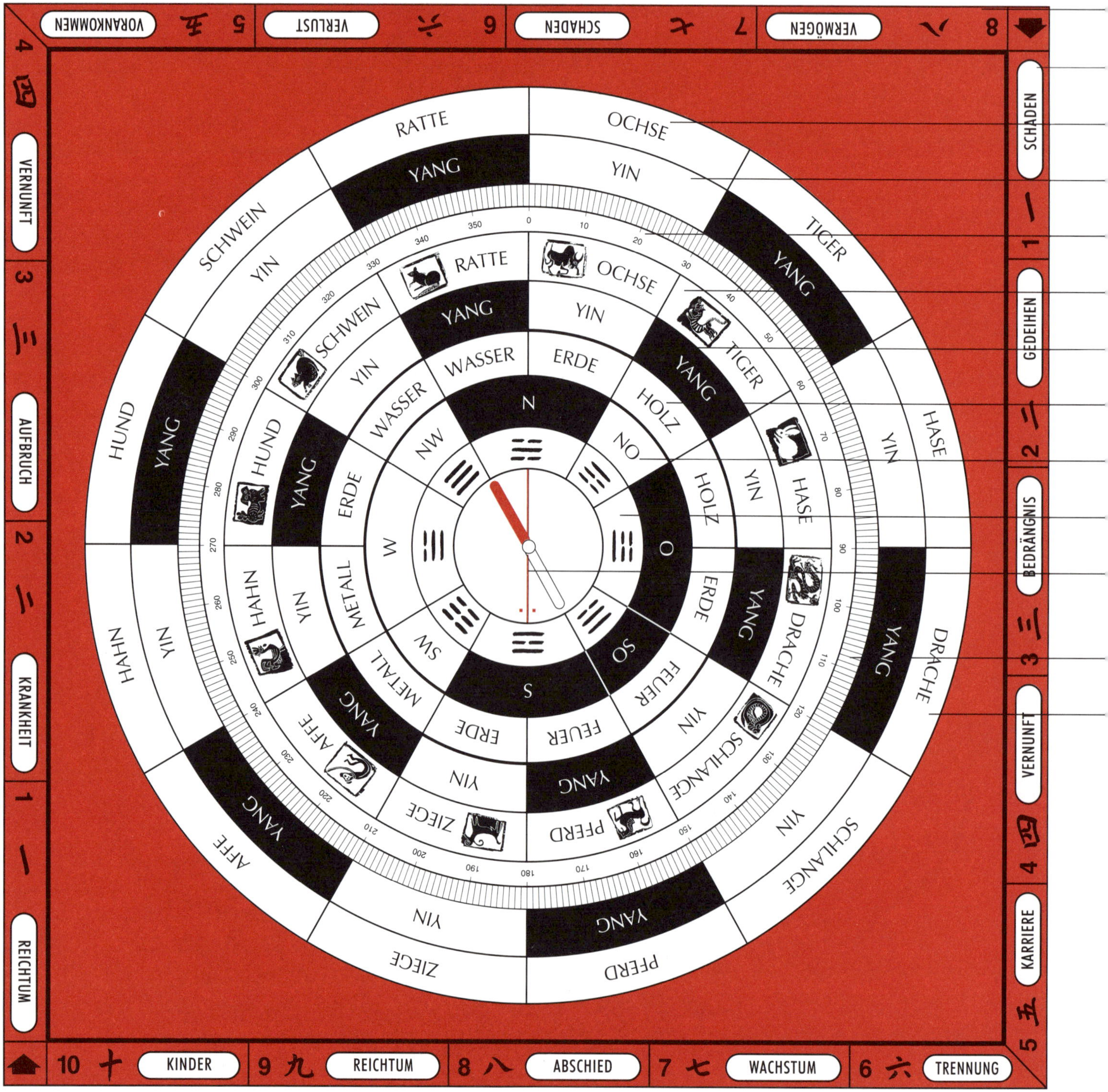
VORANKOMMEN
VERLUST
SCHADEN
VERMÖGEN
SCHADEN
GEDEIHEN
BEDRÄNGNIS
VERNUNFT
KARRIERE
TRENNUNG
WACHSTUM
ABSCHIED
REICHTUM
KINDER
REICHTUM
KRANKHEIT
AUFBRUCH
VERNUNFT
RATTE
OCHSE
TIGER
HASE
DRACHE
SCHLANGE
PFERD
ZIEGE
AFFE
HAHN
HUND
SCHWEIN
YIN
YANG
WASSER
ERDE
HOLZ
FEUER
METALL
N
NO
O
SO
S
SW
W
NW

Linealmarken: Begriffsklassen für außen (Nummern 1–8)

Linealmarken: Begriffsklassen für innen (Nummern 1–10)

Achter Ring: Die zwölf Tierzeichen

Siebter Ring: Yin und Yang

Sechster Ring: Die Kompaßgradeinteilung

Fünfter Ring: Die zwölf Tierzeichen

Vierter Ring: Yin und Yang

Dritter Ring: Die Elemente

Zweiter Ring: Die Himmelsrichtungen

Erster Ring: Die Trigramme

Rote Linie auf der Grundfläche im Kompaßzentrum (Richten Sie die Nadel in der Mitte zwischen den beiden roten Punkten aus, um eine Messung vorzunehmen)

Inneres Skalenblatt

Äußeres Skalenblatt

Der Kompaß des Feng-Shui-Sets. Dieser vereinfachte Kompaß besteht aus zwei Scheiben mit insgesamt acht Ringen. Die innere Scheibe dreht sich in Verbindung mit dem magnetischen Kompaß im Zentrum und gibt Ihnen Informationen in bezug auf eine bestimmte Himmelsrichtung. Die äußere Scheibe wird so eingestellt, daß Ihr chinesisches Tierzeichen mit den Details der Himmelsrichtung, mit der Sie sich gerade befassen, in Verbindung gebracht werden kann. Die Linealmarken an den äußeren Rändern gestatten es Ihnen, einen beliebigen Gegenstand in Ihrer Umgebung zu bewerten und sofort ein positives oder negatives Ergebnis abzulesen (siehe Seite 72).

unglückbringenden Himmelsrichtung, Yin und Yang, dem chinesischen Tierzeichen und den Kompaßgradeinteilungen, die Sie alle unter dem Nylonfaden finden, der am weitesten von Ihnen entfernt liegt und in Ihre Blickrichtung weist.

Die Arbeit mit dem Feng-Shui-Kompaß

Zweiter Schritt: Das äußere Skalenblatt

Während Sie das innere Skalenblatt in seiner letzten Einstellung mit einer Hand festhalten, um Ihre Bewertungsergebnisse nicht aus den Augen zu verlieren, drehen Sie das äußere Skalenblatt, bis sich Ihr chinesisches Tierzeichen unter dem Nylonfaden auf gleicher Höhe mit Ihren übrigen Ergebnissen befindet. Nun sind Sie in der Lage, Ihre Messung zu deuten.

Erster Ring: Die Trigramme

Notieren Sie sich das Trigramm, das sich auf dem inneren Skalenblatt unter dem Nylonfaden befindet; zudem haben Sie ja bereits das Trigramm Ihres persönlichen Ba-Zi-Kompasses errechnet. Die

Kombination dieser beiden Trigramme ergibt zusammen zwei Hexagramme, je nachdem, welches Trigramm sich oben und welches sich unten befindet.

Es gibt zwei unterschiedliche Modelle, wie die acht Trigramme aufeinander folgen. Das älteste Modell, wobei in der Darstellung die Trigramme ein Achteck bilden, nennt man Früher Himmel. Es wird traditionell Fu Xi zugeschrieben, der, so die chinesische Mythologie, den Menschen die Segnungen der Zivilisation brachte. Traditionelle Feng-Shui-Kompasse und Ba-Gua-Spiegel (siehe Seite 70) folgen im allgemeinen dieser Trigrammsequenz, doch dem Kompaß des *Feng-Shui-Sets* liegt die sogenannte Abfolge des Späten Himmels zugrunde. Sie ist mehr als dreitausend Jahre alt und wird auf König Wen, Autor von Kommentaren zu den Hexagrammen, zurückgeführt. Die Abfolge der Trigramme spiegelt das Gleichgewicht von Yin und Yang auf bestimmten Flächen des Bodens wider. Die Anordnung des Späten Himmels ist auch jene, die im Ba-Zi-System angewendet wird. Um möglichst klare Untersuchungsergebnisse zu erhalten, wurde sie deshalb auf den Kompaß des *Feng-Shui-Sets* übertragen.

Die vierundsechzig Hexagramme, die durch die paarweise Zusammenstellung der Trigramme erlangt werden, sind im *I Ging* oder auch *Buch der Wandlungen* enthalten, einem alten chinesischen Orakeltext. Jedes Hexagramm ist mit einer kurzen Interpretation versehen, die Sie nach Ihrem eigenen Verständnis auslegen und nutzen können. Diese Interpretationen sind nicht dazu gedacht, Ihnen endgültige Antworten zu liefern. Vielmehr verleihen sie der Tatsache Ausdruck, daß sich alles gemäß der natürlichen Ordnung in einem permanenten Wandel befindet. Sie sind deshalb eher als Richtungsweiser zu verstehen und sollten daher in Verbindung mit Ihren persönlichen Charaktereigenschaften und Ihren äußeren Umständen gelesen werden und in ihre Feng-Shui-Analyse einfließen. Befassen Sie sich mit den Interpretationen beider Hexagramme, und folgen Sie den Anweisungen des Hexagramms, das Ihrer Situation angemessen zu sein scheint.

Mit Hilfe der Tabelle auf der folgenden Seite, können Sie die Nummern Ihrer Hexagramme ermitteln. Die Interpretationstexte für die vierundsechzig Hexagramme finden Sie auf den Seiten 28 bis 43. Erklärungen für den zweiten Ring folgen ab Seite 44.

oberes Trigramm / unteres Trigramm	☰ Qian	☳ Zhen	☵ Kan	☶ Gen	☷ Kun	☴ Sun	☲ Li	☱ Dui
☰ Qian	1	34	5	26	11	9	14	43
☳ Zhen	25	51	3	27	24	42	21	17
☵ Kan	6	40	29	4	7	59	64	7
☶ Gen	33	62	39	52	15	53	56	21
☷ Kun	12	16	8	23	2	20	35	45
☴ Sun	44	32	48	18	46	57	50	28
☲ Li	13	55	63	22	36	37	30	49
☱ Dui	10	54	60	41	19	61	38	58

Die Hexagramme des I Ging

乾

1. Qian

Dieses Hexagramm heißt Das Schöpferische, und das Trigramm Qian, Himmel, ist in ihm verdoppelt.

Es zeigt den Anfang aller Dinge an und schließt Harmonie und Frieden mit ein. Da es aus sechs Yang-Linien besteht, symbolisiert es auch Kraft und Macht. Es heißt, daß das Qian-Hexagramm alles und jeden befähigt, seinen rechten Platz zu finden, um zu erblühen.

坤

2. Kun

Dieses Hexagramm heißt Das Empfangende, und das Trigramm Kun, Erde, ist in ihm verdoppelt.

Es steht für weiche und sanfte Eigenschaften, und seine ruhige und friedfertige Natur wird durch eine Stute symbolisiert. Die sechs Yin-Linien verleihen diesem Hexagramm eine zarte Qualität und deuten zugleich gesundes Wachstum und Lebenskraft an.

屯

3. Tun

Dieses Hexagramm heißt Die Anfangsschwierigkeit und setzt sich aus den Trigrammen Kan und Zhen, Wasser und Donner, zusammen.

Es erinnert an die Notwendigkeit sorgfältigen Nachdenkens, bevor ein neues Wagnis unternommen wird. Es zeigt einen potentiell gefährlichen und verwirrenden Zeitabschnitt an, weshalb vorsichtig vorgegangen und guter Rat eingeholt werden sollte. Erfolg ist jedoch durchaus angezeigt, und Beharrlichkeit wird schließlich zum Ziel führen.

蒙

4. Meng

Dieses Hexagramm heißt Die Jungendtorheit und setzt sich aus den Trigrammen Gen und Kan, Berg und Wasser, zusammen.

Auf den ersten Blick wirkt die Situation chaotisch, und es fällt schwer, eine Entscheidung zu treffen. Dieses Hexagramm könnte mit einem Kind verglichen werden, das von der Erwachsenenwelt verwirrt wird. Doch mit der Zeit löst sich die Verwirrung auf, und die Situation gewinnt an Klarheit. Ein gewisses Maß an Geduld und innerer Stärke ist jetzt vielleicht erforderlich, also stürmen Sie wegen der momentanen Aufregung nicht kopflos voran.

需

5. Xu

Dieses Hexagramm heißt Das Warten und setzt sich aus den Trigrammen Kan und Qian, Wasser und Himmel, zusammen.

Es heißt, daß die Form dieses Hexagramms einer Wolke ähnelt, die von der Erde aufsteigt, und auf die gegenseitige Abhängigkeit von Wolke und Erde hinweist. Auf die gleiche Weise sind auch unsere körperlichen und emotionalen Bedürfnisse voneinander abhängig; es ist wichtig, daß ein Gleichgewicht zwischen Arbeit und Spiel existiert. Dieses Hexagramm weist auch auf kommende Schwierigkeiten hin, also achten Sie aufmerksam auf Ihre Umgebung, um alle Probleme mit Sorgfalt und Geduld zu meistern.

讼

6. Song

Dieses Hexagramm heißt Der Streit und verbindet die beiden Trigramme Qian und Kan, Himmel und Wasser, miteinander.

Die Linien dieses Hexagramms deuten auf den Kampf hin, der dem Erfolg vorausgehen muß. Der untere Teil des Hexagramms deutet auf Gefahr hin, der obere steht jedoch für Weisheit und gutes Urteilsvermögen. Geben Sie nicht zu schnell auf; verfolgen Sie Ihre Ziele, aber seien Sie sich darüber im klaren, daß Pläne scheitern könnten, wenn Sie sie zu nachlässig umsetzen.

师

7. Shi

Dieses Hexagramm heißt Das Heer und setzt sich aus den Trigrammen Kun und Kan, Erde und Wasser, zusammen.

Die Linien stehen für kraftvolle Menschen, die bereit sind, Verantwortung zu übernehmen, nicht nur für einzelne Individuen, sondern zum Wohl der Allgemeinheit. Die Betonung liegt hier auf einem guten Anführer, der in anderen Respekt und Begeisterung hervorzurufen vermag. Dieses Hexagramm deutet darauf hin, daß durch Zusammenhalt und vernünftige Führung große Dinge erreicht werden können.

比

8. Bi

Dieses Hexagramm heißt Das Zusammenhalten und verbindet die Trigramme Kan und Kun, Wasser und Erde, miteinander.

Im unteren Teil des Hexagramms wird ein Moment der Gefahr angedeutet, obwohl der obere Entspannung und Ruhe anzeigt. Es deutet an, daß eine Gruppe von Menschen erfolgreich ist, wenn sie zusammenhält. Alle auftretenden Probleme müssen schnell und gründlich beseitigt werden, sonst erweisen sie sich als zerstörerisch. Sie sollten andere nach ihrer Meinung fragen, selbst dann, wenn Sie sich absolut sicher sind.

小畜

9. Xiao Chu

Dieses Hexagramm heißt Des Kleinen Zähmung und verbindet die Trigramme Sun und Qian, Wind und Himmel, miteinander.

䷈ Dieses Hexagramm deutet auf Wolken hin, die über den Himmel ziehen. Obwohl es augenblicklich keine Anzeichen für Regen gibt, so mag doch ein heftiger Guß kurz bevorstehen. Die Gedanken sollten sich mit der Zukunft befassen, und entsprechende Vorbereitungen sind zu treffen. Der kommende Sturm wird nicht lange dauern; innerlich sollten Sie entschlossen und stark sein, äußerlich offen und zugänglich. Für Ihre Mitmenschen muß erkennbar sein, daß Sie für Kompromisse bereit sind, aber dabei nicht den Blick auf Ihre ursprüngliche Vision verlieren.

履

10. Lü

Dieses Hexagramm heißt Das Auftreten und setzt sich aus den Trigrammen Qian und Dui, Himmel und See, zusammen.

䷉ Nach der Überlieferung ist dieses Hexagramm sowohl die Basis für als auch der Hinweis auf eine gut organisierte und gerechte Gesellschaft. Die Betonung liegt auf Tüchtigkeit, Ehrlichkeit und der Fähigkeit, die eigenen Grenzen anzuerkennen. Seien Sie nicht zu ehrgeizig.

泰

11. Tai

Dieses Hexagramm heißt Der Friede und setzt sich aus den Trigrammen Kun und Qian, Erde und Himmel, zusammen.

䷊ Dies ist eine positive Kombination, aus der Friede und Harmonie entstehen und die mit einer erfolgreichen Beziehung zwischen einem Mann und einer Frau verbunden wird. In diesem Hexagramm ist ein stabiles Gleichgewicht zwischen Stärke und Rücksichtnahme, zwischen Entschlossenheit und Geduld ausgedrückt. Es sollte Ihnen Zuversicht und Zufriedenheit schenken.

否

12. Pi

Dieses Hexagramm heißt Die Stockung und verbindet die Trigramme Qian und Kun, Himmel und Erde, miteinander.

䷋ Es hat den Anschein, als bewegten sich die beiden Trigramme voneinander fort. Der Energiepegel ist sehr niedrig, und die Wahl der Richtung fällt schwer. Es heißt, daß dieses Hexagramm verstreutem Sand ähnelt, den nichts zusammenhält, und folglich ist der Ausblick auf das Kommende trübe. Vielleicht tun Sie sich schwer, eine endgültige Entscheidung zu treffen, oder die Umstände halten Sie davon ab. Ein starker Wille und Geduld werden jetzt von Ihnen verlangt.

同人

13. Tong Ren

Dieses Hexagramm heißt Gemeinschaft mit Menschen und verbindet die Trigramme Qian und Li, Himmel und Feuer, miteinander.

Hier begegnet uns eine positive Kombination, da es sich um eine Gruppe von Menschen handelt, die harmonisch zusammenarbeiten. Obwohl eine harmonische Basis vorhanden ist, so werden doch unvermeidlich Meinungsverschiedenheiten auftreten, und es muß daher eine Person geben, die die übrigen führt. Wer immer die endgültigen Entscheidungen fällt, muß das Vertrauen der anderen besitzen und nach ihren Wünschen handeln.

大有

14. Da You

Dieses Hexagramm heißt Der Besitz von Großem und verknüpft die Trigramme Li und Qian, Feuer und Himmel, miteinander.

In der Verbindung dieser beiden Trigramme liegt die Quelle von Kraft und Ermutigung. Im oberen Trigramm ist auch ein Hauch von Eigensinn und Unbeholfenheit enthalten, aber dies wird durch die Kraft und Fruchtbarkeit des unteren Trigramms überwunden. Obwohl Entschlossenheit und Stärke wichtige Eigenschaften sind, werden sie dadurch, daß man anderen zuhört, verfeinert und verbessert. Mit Sorgfalt werden Probleme gelöst, also überstürzen Sie nichts in Ihrem Wunsch nach Veränderung.

谦

15. Qian

Dieses Hexagramm heißt Die Bescheidenheit und verbindet die Trigramme Kun und Gen, Erde und Berg, miteinander.

Dieses Hexagramm zeigt an, wie wichtig es ist, auf andere Rücksicht zu nehmen, insbesondere wenn man selbst eine Führungsposition einnimmt. Denken Sie daran, daß Ihre Pläne andere betreffen werden, und wenn andere Sie loben, dann nehmen Sie dieses Lob mit Bescheidenheit entgegen.

豫

16. Yü

Dieses Hexagramm heißt Die Begeisterung und verbindet die Trigramme Zhen und Kun, Donner und Erde, miteinander.

Ein erfolgreicher Zeitabschnitt steht bevor. Dieses Hexagramm wird mit der Beziehung, die eine Mutter zu ihrem ältesten Sohn hat, verglichen. Der Sohn folgt nicht immer dem Rat der Mutter, aber mit beiderseitigen Kompromissen lassen sich die Probleme lösen. Zusammenarbeit und gemeinsame Begeisterung sind entscheidend, damit ein Projekt voranschreiten kann.

随

17. Sui

Dieses Hexagramm heißt Die Nachfolge und verbindet die Trigramme Dui und Zhen, See und Donner, miteinander.

Das Dui-Trigramm hat eine friedliche Natur, während Zhen kraftvoll und lebendig ist. Das Hexagramm wird mit dem Donner verglichen, der über einen Sumpf hinwegrollt und die Wasseroberfläche kräuselt. Dann wird sich Regen auf den Sumpf ergießen, der nun seinerseits das umliegende Land bewässern kann. So ist das Auftreten des Donners der Auslöser für eine Kette von Ereignissen. Dieses Hexagramm deutet an, daß es an der Zeit ist, der Führung eines anderen zu folgen. Eine Zeit des Wandels ist angebrochen, in der das Alte durch Neues ersetzt wird.

蛊

18. Gu

Dieses Hexagramm heißt Die Arbeit am Verdorbenen und verknüpft die Trigramme Gen und Sun, Berg und Wind, miteinander.

Es ist weise, sich daran zu erinnern, daß wir gute und schlechte Phasen durchlaufen. Es heißt, daß der Weg des Himmels aus einem stetigen Abschließen und Neubeginnen besteht. Dieses Hexagramm hat einen rebellischen Charakter und deutet auf eine Zeit des Aufruhrs hin, in der sich jedoch auch Hoffnung abzeichnet. Am besten ist es, von vorn zu beginnen, und jemand mit guter Urteilskraft wird Unterstützung anbieten.

临

19. Lin

Dieses Hexagramm heißt Die Annäherung und verbindet die Trigramme Kun und Dui, Erde und See, miteinander.

Dieses Hexagramm weist auf eine schöpferische und stärkende Zeit hin. Es symbolisiert die durch das Wasser des Sumpfes fruchtbar werdende Erde. Jetzt ist der Zeitpunkt gekommen, daß ein erfahrener und gebildeter Mensch Ermutigung und Rat schenkt und die weniger erfahrenen zuhören.

观

20. Guan

Dieses Hexagramm heißt Die Betrachtung und verbindet die Trigramme Sun und Kun, Wind und Erde, miteinander.

Dieses Hexagramm wird manchmal mit einer wichtigen Amtsperson verglichen, die kompetent ist und ihre Untergebenen zu führen und anzuleiten versteht. Denken Sie gut nach, bevor Sie handeln; es ist wichtig, daß Sie in der richtigen Geistesverfassung sind, bevor Sie eine Entscheidung treffen. Wenn Sie irgendwelche Veränderungen vornehmen wollen, dann beziehen Sie die natürliche Umgebung mit ein und arbeiten Sie mit ihr und nicht gegen sie.

噬嗑

21. Shi He

Dieses Hexagramm heißt Das Durchbeißen und verbindet die beiden Trigramme Li und Zhen, Feuer und Donner, miteinander.

Die Verbindung von Li und Zhen bewirkt Blitz und Donner. Hinter diesem Hexagramm steht eine Warnung vor Exzessen, egal ob in bezug auf Essen, Wohnen oder Unterhaltung. Das Verlangen, alles auf der Stelle haben zu müssen, führt möglicherweise ins Unglück. Sie müssen sich in Zurückhaltung üben, um zum Erfolg zu gelangen.

贲

22. Bi

Dieses Hexagramm heißt Die Anmut und verbindet die Trigramme Gen und Li, Berg und Feuer, miteinander.

Das Alltagsleben bekommt durch Kunst und Kultur Glanz. Wir haben das Bedürfnis, unser Leben schöner zu machen. Aber hüten Sie sich davor, zu extravagant und prahlerisch zu werden und dabei die Schönheit einfacher Formen und Farben zu übersehen.

剥

23. Bo

Dieses Hexagramm heißt Die Zersplitterung und ist eine Zusammensetzung aus den Trigrammen Gen und Kun, Berg und Erde.

Die Erde als der untere Teil dieses Hexagramms ist nicht fest genug, um den Berg, der auf ihr steht, zu tragen, und wird schließlich zusammenbrechen. Dieses Hexagramm kündigt eine Phase der Unsicherheit und der Auflösung an. Beginnen Sie, Ihre Zukunft zu planen, aber unternehmen Sie noch keine größeren Veränderungen.

复

24. Fu

Dieses Hexagramm heißt Die Wiederkehr und verknüpft die Trigramme Kun und Zhen, Erde und Donner, miteinander.

Dieses Hexagramm zeigt eine Periode des Wachstums nach einer Phase der Unsicherheit und Auflösung an. Es ist ein positives Symbol und reich an Möglichkeiten. Es ist an der Zeit für einen Neuanfang, also gewinnen Sie die Unterstützung anderer, aber versuchen Sie nicht, den Wandel zu beschleunigen, da er seiner natürlichen Bahn folgen wird.

无妄

25. Wu Wang

Dieses Hexagramm heißt Die Unschuld und verknüpft die Trigramme Qian und Zhen, Himmel und Donner, miteinander.

Es heißt, daß der Weg von Wu Wang angemessen und korrekt ist und daß jeder, der dieses Hexagramm beherzigt, seiner natürlichen, für ihn festgelegten Bahn folgt. Dieses Hexagramm warnt davor, das Unmögliche anzustreben. Quälen Sie sich nicht, indem Sie über Ereignisse, die für Sie nicht kontrollierbar sind, und über Dinge, die Sie nicht besitzen können, nachgrübeln. Seien Sie mit dem zufrieden, was Sie haben.

大畜

26. Da Chu

Dieses Hexagramm heißt Des Großen Zähmungskraft und verknüpft die Trigramme Gen und Qian, Berg und Himmel.

Himmel inmitten eines Berges ist ein Hinweis auf angesammelte Schätze, die zum Nutzen anderer eingesetzt werden können und sollen. Es ist an der Zeit, sich der Dinge zu bedienen, die noch nicht zum Einsatz gekommen sind oder für den zukünftigen Gebrauch beiseite gelegt wurden. Andere sollten an dem teilhaben, was Sie erworben haben.

颐

27. Yi

Dieses Hexagramm heißt Die Ernährung und verbindet die Trigramme Gen und Zhen, Berg und Donner, miteinander.

Es heißt, daß die oberste und unterste Linie dieses Hexagramms Lippen gleichen und die inneren vier Linien den Zähnen. Obgleich Nahrung für das Überleben notwendig ist, so müssen wir doch auch von guten Vorsätzen und Handlungen genährt werden. In diesem Hexagramm schwingt eine Warnung vor zu großem Sichgehenlassen und vor Extravaganz mit. Treiben Sie sich selbst oder andere nicht zu weit – versuchen Sie, ein natürliches Gleichgewicht zu finden.

大过

28. Da Guo

Dieses Hexagramm heißt Des Großen Übergewicht und verbindet die Trigramme Dui und Sun, See und Wind, miteinander.

Die vier inneren Yang-Linien dieses Hexagramms sind stark und werden mit einem Balken verglichen, aber die beiden äußeren sind schwach und können das Gewicht des Balkens kaum stützen. Veränderungen stehen an, aber sie könnten in einer Phase erforderlich sein, in der Ihre Hilfsquellen bereits überfordert sind. Verschwenden Sie Ihre Kräfte nicht in unangemessenen Projekten; konzentrieren Sie sich vielmehr auf die Arbeit, die Früchte zu tragen verspricht.

坎

29. Kan

Dieses Hexagramm heißt Das Wasser, und in ihm ist das Trigramm Kan, Wasser, verdoppelt.

Es heißt, daß die beiden Yang-Linien wie Flüsse in einer tiefen Schlucht sind, die sich ungeachtet der Hindernisse ihren Weg bahnen. Seien Sie nicht zu ehrgeizig, wenn Sie etwas Neues versuchen, da es leicht geschehen kann, daß die Ereignisse Sie überwältigen. Arbeiten Sie mit den Dingen und Menschen, die Sie kennen und denen Sie vertrauen, und begegnen Sie den vor Ihnen liegenden Schwierigkeiten mit Geduld.

离

30. Li

Dieses Hexagramm heißt Das Feuer, und in ihm ist das Trigramm Li, Feuer, verdoppelt.

Dieses Hexagramm steht für Licht und Zivilisation. Die Sonne, die in dem Trigramm Li symbolisiert ist, erhellt die Erde während des Tages, und in der Nacht reflektiert der Mond ihr Licht. Dieses Hexagramm hebt die Bedeutung der natürlichen Ordnung hervor, und es wird sich für Sie auszahlen, sich harmonisch an die natürlichen Gegebenheiten Ihrer Umgebung anzupassen. Rücksichtnahme und sorgfältige Planung sind wesentlich.

咸

31. Xian

Dieses Hexagramm heißt Die Werbung und besteht aus den Trigrammen Dui und Gen, See und Berg.

Da der Sumpf auf dem Berg ruht, kann seine Feuchtigkeit das unter ihm liegende Land nähren. Entschlußkraft und Flexibilität sind in diesem Hexagramm in einer starken Partnerschaft miteinander verbunden. Wenn Sie einem anderen einen Rat geben, dann müssen Sie auf gleiche Weise bereit sein zuzuhören. Stürzen Sie sich nicht unbesonnen auf neue Pläne und Veränderungen; Geduld und Nachdenken sind angebracht.

恒

32. Heng

Dieses Hexagramm heißt Die Dauer und setzt sich aus den Trigrammen Zhen und Sun, Donner und Wind, zusammen.

Dieses Hexagramm ist von starker und dauerhafter Natur und wird manchmal mit Sonne und Mond verglichen, die unaufhörlich die Erde erhellen. Denken Sie über Ihre Bedürfnisse und Ihre Beziehung zu Ihrer Umwelt nach, und es ist kaum wahrscheinlich, daß Sie einen Fehler machen. Gehen Sie allmählich an Veränderungen heran, und erwarten Sie keine sofortigen Resultate.

遯

33. Dun

Dieses Hexagramm heißt Der Rückzug und verbindet die Trigramme Qian und Gen, Himmel und Berg, miteinander.

Die beiden Yin-Linien am Fuß des Hexagramms werden den Yang-Linien über ihnen Schwierigkeiten bereiten. Damit ist eine Zeit des Nachdenkens gekommen, nicht des Handelns. Wenn Sie dennoch Veränderungen anstreben, dann bedenken Sie zunächst die Folgen für andere und schreiten dann lang
sam voran.

大壮

34. Da Zhuang

Dieses Hexagramm heißt Des Großen Macht und verbindet die Trigramme Zhen und Qian, Donner und Himmel, miteinander.

Die Energie und Macht des Donners paßt gut zu der natürlichen Ordnung des Himmels. Dies ist eine positive Phase, in der Zweifel und Sorgen in den Hintergrund treten. Nutzen Sie diese Zeit, um Pläne, mit denen Sie sich in Gedanken tragen, umzusetzen, aber seien Sie nicht zu selbstgefällig, denn Sie könnten andere verletzen.

晋

35. Jin

Dieses Hexagramm heißt Der Fortschritt und setzt sich aus den Trigrammen Li und Kun, Feuer und Erde, zusammen.

Es gibt Zeiten, in denen es Ihnen schwerfällt, Ihre Ideen umzusetzen. Es könnte daran liegen, daß Sie zuviel fordern oder andere Ihre Pläne durchkreuzen. Es ist wichtig, nicht zu verzweifeln, denn zuletzt werden Sie Erfolg haben. In diesem Hexagramm verbirgt sich ein Hinweis auf Wohlstand, doch dieses Glück sollte mit anderen Menschen geteilt werden. Versuchen Sie also eine einladende Atmosphäre zu schaffen.

明夷

36. Ming Yi

Dieses Hexagramm heißt Die Verfinsterung des Lichts und verbindet die Trigramme Kun und Li, Erde und Feuer, miteinander.

In diesem Hexagramm wird das Licht des Feuers von der Dunkelheit der Erde überlagert, obwohl dies die Schönheit des Feuers nicht zu beeinträchtigen vermag. Dies könnte ein verwirrender Zeitabschnitt für Sie sein, und es wird Ihnen vermutlich schwerfallen, sich zu organisieren und endgültige Entscheidungen zu treffen. Nehmen Sie sich Zeit, um herauszufinden, was Ihnen zuträglich ist, und lassen Sie sich nicht von den Ereignissen forttragen. Vertrauen Sie auf Ihre Intuition und auf Ihren Geschmack, wenn Sie sich unter Druck gesetzt fühlen.

家人

37. Jia Ren

Dieses Hexagramm heißt Die Sippe und setzt sich aus den Trigrammen Sun und Li, Wind und Feuer, zusammen.

In diesem Hexagramm wird der Einfluß weiblicher Formen und weiblichen Stils betont. Ein Ausgleich zwischen der Gestaltung Ihres Zuhauses und der äußeren Umgebung ist erforderlich. Machen Sie keine isolierten Pläne, und achten Sie darauf, daß Sie die Bedürfnisse jener, die mit Ihnen leben, und die natürlichen Merkmale der Dinge, die Sie umgeben, mit in Betracht ziehen.

睽

38. Kui

Dieses Hexagramm heißt Der Gegensatz und verknüpft die Trigramme Li und Dui, Feuer und See, miteinander.

Feuer und Sumpf scheinen miteinander im Widerstreit zu liegen, denn während die Flammen nach oben schlagen, sickert das Wasser des Sumpfes nach unten. Beide können jedoch auch zusammenarbeiten, da das Feuer die Erde wärmt und das Wasser sie nährt. Dieses Hexagramm wird mit einer Freundschaft oder Partnerschaft verglichen, die kleine Unternehmungen durchführen kann, in größerem Zusammenhang jedoch nicht so gut funktioniert. Es könnte sich um eine Phase der Unsicherheit handeln. Verlieren Sie also Ihre ursprüngliche Vision oder Ihren Plan nicht aus den Augen.

蹇

39. Jian

Dieses Hexagramm heißt Das Hemmnis und verbindet die Trigramme Kan und Gen, Wasser und Berg, miteinander.

Prüfen Sie Ihre Umgebung sehr sorgfältig, bevor Sie Geld oder Energie in sie investieren. Sie sollten sich unbedingt drohende Fallgruben bewußtmachen, aber überlegen Sie nicht zu lange, um Ihre Kreativität und Begeisterung nicht zu verlieren. Beraten Sie sich mit anderen, bevor Sie Ihre Wahl treffen, denn ihr Rat könnte von hohem Wert sein.

解

40. Jie

Dieses Hexagramm heißt Die Befreiung und verknüpft die Trigramme Zhen und Kan, Donner und Wasser, miteinander.

In diesem Hexagramm ist ein Hinweis auf böse Vorahnungen verborgen, aber auch auf die Aussicht auf Befreiung aus einer schwierigen Situation. Die Linien werden mit dem sich klärenden Himmel nach einem Gewitter verglichen. Vielleicht fühlen Sie sich in die Falle gelockt oder bloßgestellt, aber das wird vorübergehen. Wenn es Ihnen freisteht, Ihren eigenen Instinkten zu folgen, dann versuchen Sie, innezuhalten und die Vorschläge zu bedenken, die andere Ihnen machen.

損

41. Sun

Dieses Hexagramm heißt Die Minderung und verbindet die Trigramme Gen und Dui, Berg und See, miteinander.

Es scheint so, daß hohe Ansprüche an Ihre Zeit und Ihr Geld gestellt werden. Aber auf eine Weise, die Sie am wenigsten erwarten, werden Ihre Bemühungen schließlich belohnt. Dieses Hexagramm deutet an, daß Veränderungen zum Positiven bevorstehen. Um sicherzugehen, ist es besser, Ihre Ausgaben einzuschränken und mit dem Vorhandenen zufrieden zu sein. Sie haben dann Geld zur Verfügung, wenn Sie ein besonderes Projekt finanzieren müssen.

益

42. Yi

Dieses Hexagramm heißt Die Mehrung und verbindet die Trigramme Sun und Zhen, Wind und Donner, miteinander.

Dieses Hexagramm deutet auf eine Zeit der Veränderung und der Zusammenarbeit hin. Ein starkes Gefühl für Bewegung und Fortschritt ist in ihm enthalten; es könnte sich um den Umzug von einem Ort zum anderen handeln oder um die Überwindung von Hindernissen, die Ihnen im Weg sind. Es ist nicht notwendig, daß Sie Ihre Ideen oder Entwürfe irgend jemandem aufzwingen, da Ihr Weg klar und voller Möglichkeiten vor Ihnen liegt.

夬

43. Guai

Dieses Hexagramm heißt Der Durchbruch und verbindet die Trigramme Dui und Qian, See und Himmel, miteinander.

Dieses Hexagramm zeigt eine Bewegung Richtung Aufbau von Harmonie an einem bestimmten Ort oder mit anderen Menschen an. Ehrlichkeit Ihnen selbst und anderen gegenüber ist momentan für Sie die beste Strategie. Die Verbindung beider Trigramme wird mit einem kurz bevorstehenden Wolkenbruch verglichen oder mit einem Fluß, der im Begriff ist, über die Ufer zu treten. Es ist an der Zeit, daß Sie Ihr Potential und die guten Gelegenheiten, die wahrscheinlich auftauchen werden, ausnutzen.

姤

44. Gou

Dieses Hexagramm heißt Das Entgegenkommen und verbindet die Trigramme Qian und Sun, Himmel und Wind, miteinander.

Denken Sie daran, daß manche Geschehnisse einfach ablaufen müssen und daß Dinge sich entweder Ihrer Kontrolle entziehen oder Ihnen vollkommen unangemessen erscheinen. Die Möglichkeit eines positiven Zusammentreffens existiert durchaus, aber lassen Sie sich nicht durch Aufmerksamkeiten und Schmeicheleien zum Narren halten. Sie sollten sorgfältig nachdenken, bevor Sie irgendwelche Änderungen vornehmen, um sicher zu sein, daß sie auch angemessen sind.

萃

45. Cui

Dieses Hexagramm heißt Die Sammlung und verknüpft die Trigramme Dui und Kun, See und Erde, miteinander.

Die Betonung dieses Hexagramms liegt auf Ordnung und Harmonie mit dem Dao, dem Weg des Himmels. Beobachten Sie Ihre Umwelt aufmerksam, und geben Sie sich Zeit zum Nachdenken. Seien Sie nicht zu ehrgeizig, und verfolgen Sie Pläne, die Ihrer Umgebung angemessen sind.

升

46. Sheng

Dieses Hexagramm heißt Das Empordringen und verbindet die Trigramme Kun und Sun, Erde und Wind, miteinander.

Die Form dieses Hexagramms wird mit Saat verglichen, die aufgegangen und erblüht ist. Es mag lange Zeit dauern, bis Pläne sich verwirklichen, aber Geduld zahlt sich aus. Alles scheint jetzt wie von selbst an seinen rechten Platz zu fallen, daher sollten Sie soviel wie möglich aus sich bietenden Gelegenheiten machen. Obwohl dies eine Phase des Wohlstands und Wachstums ist, wird sie doch nicht ewig andauern. Achten Sie also darauf, daß Sie sich ein gutes Verhältnis mit jenen bewahren, mit denen Sie zusammenarbeiten.

困

47. Kun

Dieses Hexagramm heißt Die Bedrängnis und verbindet die Trigramme Dui und Kan, See und Wasser, miteinander.

Dieses Hexagramm beinhaltet ein starkes Element des Eingesperrtseins, und es scheint schwer zu sein, einen Ausweg zu finden. Es bietet sehr wenig Ermutigung an und legt Geduld nahe. Prüfen Sie Ihre Umgebung, und finden Sie heraus, was wirklich angemessen ist. Die Linien dieses Hexagramms warnen auch davor, zuviel Geld auszugeben; in der Hitze des Moments vergißt man leicht, für eine sichere Zukunft zu sorgen.

井

48. Jing

Dieses Hexagramm heißt Der Brunnen und verbindet die Trigramme Kan und Sun, Wasser und Wind, miteinander.

Das zugrundeliegende Thema dieses Hexagramms ist unsere Beziehung zur Natur. Wir werden schwächer und nehmen in unserer Leistungsfähigkeit ab, wenn wir den Rhythmus und die Kraft der Natur nicht berücksichtigen. Betrachten Sie die Formen und Farben, die Sie umgeben, und finden Sie einen Weg, um harmonisch mit Ihnen zusammenzuleben.

革

49. Ge

Dieses Hexagramm heißt Die Umwälzung und verbindet die Trigramme Dui und Li, See und Feuer, miteinander.

Dieses Hexagramm zeigt das empfindliche Gleichgewicht zwischen Erfolg und Niederlage an. Die Veränderungen, die Sie vornehmen, werden Sie möglicherweise enttäuschen, weil soviel von einer gesunden Einschätzung Ihrer Bedürfnisse und von einer guten Wahl des Zeitpunkts abhängt. Es könnte an der Zeit sein, das Alte durch etwas Neues zu ersetzen, aber Sie müssen sich sicher sein, daß Ort und Zeitpunkt absolut richtig gewählt sind.

鼎

50. Ding

Dieses Hexagramm heißt Der Tiegel und verbindet die Trigramme Li und Sun, Feuer und Wind, miteinander.

Dieses Hexagramm wird mit einer Mahlzeit verglichen, die auf vollkommene Weise über einem Feuer gegart wurde. Es bedarf umsichtiger Vorbereitungen, um Nahrung hoher Qualität zuzubereiten. Genauso sind genügend Zeit und Erfahrung notwendig, um neu zu gestalten und einzurichten. Sie müssen sorgfältig planen, bevor Sie sich auf ein neues Projekt einlassen, und vergewissern Sie sich auch, daß alle, die Ihnen helfen, der Aufgabe gewachsen sind.

震

51. Zhen

Dieses Hexagramm heißt Der Donner und ist eine Verdoppelung des Trigramms Zhen, Donner.

Es heißt, daß die chinesischen Kaiser aus dem Donner geboren wurden und daß sie Himmel und Erde durch ihre Macht bewegen konnten. In diesem Hexagramm haben Entschlossenheit und Stärke ihren Höhepunkt erreicht, und es scheint so, als könne sich dem nichts in den Weg stellen. Lassen Sie sich nicht von einer Erschütterung oder von einem unerwarteten Ereignis beunruhigen – es könnte sich um einen guten Zeitpunkt für Veränderung handeln.

艮

52. Gen

Dieses Hexagramm heißt Das Stillehalten und ist eine Verdoppelung des Trigramms Gen, Berg.

Ein Berg ist voller Möglichkeiten: Er ist kräftig, ein Ort des Friedens und der Stärke, ein Zuhause für Pflanzen und Tiere. Es ist wichtig, daß Sie sich diesen Sinn für Verläßlichkeit und Entschlossenheit in Ihrem Leben bewahren und sich nicht von Menschen oder Dingen ablenken lassen, die für Ihre Pläne ohne Bedeutung sind. Folgen Sie Ihren eigenen Instinkten, und lassen Sie sich nicht durch von außen kommende Meinungen beeinflussen.

渐

53. Jian

Dieses Hexagramm heißt Die Entwicklung und verbindet die Trigramme Sun und Gen, Wind und Berg, miteinander.

Wissen, das durch Erfahrung erlangt wird, sollte nicht unterschätzt werden. Begeisterung ist wichtig, aber ohne solides Fundament können Sie leicht ins Stolpern geraten oder Fehler machen. Wenn Sie selbst nicht erfahren sind, dann holen Sie Rat ein. Gehen Sie nicht automatisch davon aus, daß Ihre Pläne die richtigen sind, denn der Lernprozeß kann sich über viele Jahre erstrecken.

归妹

54. Gui Mei

Dieses Hexagramm heißt Das heiratende Mädchen und verbindet die Trigramme Zhen und Dui, Donner und See, miteinander.

Die positiven und negativen Aspekte der Beziehungen innerhalb einer Familie sind in diesem Hexagramm ausgedrückt. Sollte es unter der Oberfläche schwelende Spannungen oder Meinungsverschiedenheiten geben, so müssen sie bereinigt werden. Finden Sie heraus, wer die Autorität innehat und wer wahrscheinlich Schwierigkeiten machen wird. Versuchen Sie Fehler in dem Moment zu beheben, in dem sie auftreten. Bleiben sie unbeachtet, können sie in der Zukunft weit mehr Schaden anrichten.

丰

55. Feng

Dieses Hexagramm heißt Die Fülle und setzt sich aus den Trigrammen Zhen und Li, Donner und Feuer, zusammen.

Dieses Hexagramm deutet schöpferische und gesunde Autorität an – die Erde ist vom Feuer erhellt, und Blitz und Donner erleuchten den Himmel. Sie haben wenig zu fürchten, und aller Voraussicht nach wird sich Ihnen momentan nichts in den Weg stellen. Doch vergessen Sie nicht, daß sich die Zeiten ändern können. Was einen Monat lang eine gute Idee zu sein schien, sieht im nächsten wie eine Dummheit aus. Dieser Prozeß des Wandels ist die Natur des Dao, von dem wir alle ein Teil sind.

旅

56. Lü

Dieses Hexagramm heißt Der Wanderer und verbindet die Trigramme Li und Gen, Feuer und Berg, miteinander.

Bewegung steht im Zentrum dieses Hexagramms. Es ist unvermeidlich, daß Sie zu irgendeinem Zeitpunkt in Ihrem Leben das Vertraute loslassen und sich dem Unbekannten zuwenden müssen. Es bedarf der Zeit, um sich an eine neue Umgebung anzupassen und ihre Ordnung zu verstehen. Zwingen Sie Ihre persönlichen Vorlieben weder einem Platz noch Menschen auf, die sie nicht zu schätzen wissen und denen sie auch nicht angemessen sind.

巽

57. Xun

Dieses Hexagramm heißt Das Sanfte und ist eine Verdoppelung des Trigramms Sun, Wind.

Es ist unmöglich, den Wind unter Kontrolle zu halten, und schwer, seinen Auswirkungen zu entkommen. Manchmal muß man seiner durchdringenden Kraft weichen. Dieses Hexagramm zeigt an, daß es sehr viel wirkungsvoller ist, sanfte Überzeugungskraft einzusetzen als Gewalt. Sie müssen verstehen, mit wem Sie zusammenarbeiten und was Sie zu erreichen hoffen.

兑

58. Dui

Dieses Hexagramm heißt Das Heitere und wird aus der Verdoppelung des Trigramms Dui, See, gebildet.

Dieses Hexagramm enthält ein starkes Element der Freude und des Optimismus. Alles ist wohlversorgt und zufrieden. Die Bereitschaft, das Angebotene anzunehmen, und die Rücksicht auf andere werden Ihnen helfen, dieses Gefühl des Wohlbefindens und der Zufriedenheit zu bewahren.

涣

59. Huan

Dieses Hexagramm heißt Die Auflösung und verbindet die Trigramme Sun und Kan, Wind und Wasser, miteinander.

Genauso wie die glatte Oberfläche eines Sees durch den Wind in Aufruhr versetzt werden kann, so können auch unerwartete Schwierigkeiten Ihre Routine stören. Dieses Hexagramm deutet eine Trennung an, aber Anstrengungen werden erfolgen, um zur natürlichen Ordnung zurückzukehren. Eine unerwartete Veränderung birgt viele Möglichkeiten in sich, daher sollten Sie für neue Entwicklungen offen sein, aber sich vor Veränderungen hüten, die Ihnen von anderen aufgezwungen werden.

节

60. Jie

Dieses Hexagramm heißt Die Beschränkung und setzt sich aus den Trigrammen Kan und Dui, Wasser und See, zusammen.

Wasser kann bei Mißwirtschaft zu Dürren oder Überschwemmungen führen, sein Fluß muß daher auf vernünftige Weise kontrolliert werden. Dieses Hexagramm zeigt in Anlehnung an diese Tatsache an, daß auch unser Leben kontrolliert werden muß und daß unsere Mittel weder über- noch unterbeansprucht werden dürfen. Ihre Aufgabe ist es, sich selbst zu balancieren und ein Gleichgewicht zu finden, das Ihrem Leben zuträglich ist.

中孚

61. Zhong Fu

Dieses Hexagramm heißt Innere Wahrheit und verbindet die Trigramme Sun und Dui, Wind und Sumpf, miteinander.

In diesem Hexagramm stößt man auf eine Stimmung von Zuversicht, auf einen Glauben daran, daß alles schließlich gelingen und einen dem Dao gemäßen Fluß finden wird. Sie müssen ein Gleichgewicht zwischen Ihren emotionalen Bedürfnissen und den Alltagsanforderungen schaffen. Wenn Sie dies in die Tat umsetzen, dann achten Sie darauf, andere, die in Kontakt mit Ihnen kommen, nicht zu vergessen. Haben Sie Vertrauen in sich und in das, was Sie tun.

小过

62. Xiao Guo

Dieses Hexagramm heißt Des Kleinen Übergewicht und verknüpft die Trigramme Zhen und Gen, Donner und Berg, miteinander.

Da dieses Hexagramm mehr Yin als Yang ist, weist es auf eine Phase der Unsicherheit und kleineren Fehler hin. Es beinhaltet auch Verwirrung, aber Schwierigkeiten können überwunden und Fehler behoben werden. Gehen Sie nicht automatisch davon aus, daß Sie recht haben oder daß Ihre Wahl die richtige ist. Alles dient der Erfahrung. Sie können etwas beisteuern, aber auch etwas lernen, also schreiten Sie maßvoll voran.

既济

63. Ji Ji

Dieses Hexagramm heißt Nach der Vollendung und setzt sich aus den Trigrammen Kan und Li, Wasser und Feuer, zusammen.

Dieses Hexagramm weist darauf hin, daß Feuer und Wasser schöpferisch sein können, wenn sie sinnvoll eingesetzt werden. So ist es auch möglich, unabhängig von den Umständen gut zu arbeiten und etwas erfolgreich abzuschließen. Haben Sie ein Projekt beendet, dann lehnen Sie sich jedoch nicht zurück und gehen davon aus, daß Ihre Arbeit getan ist. Auch dieses Hexagramm weist trotz seines Namens darauf hin, daß Wandel ein Teil des Lebens ist. Seien Sie also vorbereitet. Eine neue Herausforderung mag auf Sie zukommen.

未济

64. Wei Ji

Dieses Hexagramm heißt Vor der Vollendung und setzt sich aus den Trigrammen Li und Kan, Feuer und Wasser, zusammen.

Dieses Hexagramm deutet an, daß Veränderung bevorsteht, und es könnte ein Kampf auf Sie zukommen, damit Sie das erreichen, was Sie wollen. Seien Sie aufmerksam und vorsichtig. Drängen Sie Ihre Pläne niemandem auf, und übereilen Sie nichts. Zusammenarbeit und Geduld sind der Schlüssel zum Erfolg. Aber gehen Sie auch nicht davon aus, daß alles so eintreffen wird, wie Sie es geplant haben.

Zweiter Ring: Die Himmelsrichtungen

Die Himmelsrichtungen zerfallen in zwei Kategorien: Westliches Leben (auf der Scheibe rot unterlegt) und Östliches Leben (auf der Scheibe goldfarben unterlegt). Ihr persönlicher Ba-Zi-Kompaß wird Ihnen darüber Aufschluß gegeben haben, ob Sie sich dem Westlichen oder dem Östlichen Leben zurechnen müssen, daher können Sie die Himmelsrichtungen, für die Sie Messungen vornehmen, in Beziehung zu Ihren glück- und unglückbringenden Himmelsrichtungen interpretieren.

Wenn beispielsweise Ihre Ba-Zi-Nummer 1 ist und die Himmelsrichtung, die Sie überprüfen, Osten, wird Ihnen diese Himmelsrichtung aller Wahrscheinlichkeit nach Glück bringen (sollten Sie also diese Überprüfung für den Standort Ihres Schreibtisches vorgenommen haben, so bedeutet dies, daß wahrscheinlich eine erfolgreiche Karriere vor Ihnen liegt). Fällt Ihr Ergebnis jedoch in eine Ihrer unglückbringenden Himmelsrichtungen, so ist dies nicht zwangsläufig ein schlechtes Zeichen; erhalten Sie nämlich zugleich positive Ergebnisse bei den übrigen Ringen, gibt es Möglichkeiten, das schlechte Ergebnis dieses Rings auszugleichen.

Dritter Ring: Die Elemente

Vergleichen Sie das durch den Nylonfaden gekennzeichnete Element des dritten Rings mit dem persönlichen Element Ihres Ba-Zi-Kompasses. Suchen Sie deren Kombination in der folgenden Tabelle, und überprüfen Sie, ob hier ein positives oder negatives Ergebnis vorliegt. Zum Beispiel stellen Erde und Metall eine positive Kombination dar, da die Erde Metall hervorbringt. Haben Sie also ein positives Resultat erzielt, so können Sie zum nächsten

Positiv	**Negativ**
Holz erzeugt Feuer	Holz zerstört Erde
Feuer erzeugt Erde	Erde zerstört Wasser
Erde erzeugt Metall	Wasser zerstört Feuer
Metall erzeugt Wasser	Feuer zerstört Metall
Wasser erzeugt Holz	Metall zerstört Holz

Element	**beigeordnete Farbe**	**Verbesserungsvorschlag**
Holz	Grün	Fügen Sie mehr Pflanzen hinzu oder Gegenstände aus Holz bzw. Holzprodukten wie Papier.
Feuer	Rot	Ergänzen Sie warme Farben sowie Stoffe; sorgen Sie für Licht oder mehr Heizung.
Erde	Gelb	Fügen Sie mehr Pflanzen hinzu, oder wählen Sie erdige Farben für Tapeten, Anstriche, Gardinen- und Möbelstoffe.
Metall	Weiß	Bringen Sie metallische Objekte in Form von Vasen, Kerzenhaltern oder Möbeln in den Raum.
Wasser	Schwarz	Bringen Sie Wasser in den Raum, zum Beispiel in Form von Springbrunnen, oder Objekte mit Yin-Charakter, zum Beispiel weiche Stoffe oder gedämpftes Licht.

Oben: Tabelle der Verbesserungsvorschläge. Wenn Ihr Ergebnis negativ ist, können Sie bei der Einrichtung eines Raums Farben oder Objekte wählen, die positiv auf Ihr persönliches Element einwirken.

Links: Die Tabelle führt die negativen und positiven Kombinationsmöglichkeiten zwischen den Fünf Elementen auf.

Ring fortschreiten. Ist Ihre Elementekombination jedoch negativ, dann sollten Sie eine neue Himmelsrichtung ausprobieren oder einen der in der Tabelle empfohlenen Verbesserungsvorschläge ergreifen.

Sollten beide Elemente gleich sein, zum Beispiel Holz und Holz, dann finden Sie anhand der Tabelle heraus, welche Elemente sich positiv mit Holz verbinden, in unserem Fall Feuer und Wasser. Um Ihr Ergebnis zu verbessern, sollten Sie Farben oder Gegenstände in das betreffende Zimmer oder Haus bringen, die mit einem der beiden Elemente in Verbindung stehen (*siehe hierzu die Tabelle mit den Verbesserungsvorschlägen*).

Haben Sie eine negative Kombination erhalten – zum Beispiel ist Ihr persönliches Ba-Zi-Element Erde, und das Element auf Ihrem Feng-Shui-Kompaß ist Wasser –, läßt sich ebenfalls etwas machen. Suchen Sie in der positiven Spalte nach einem Element, das sich gut mit Ihrem Ba-Zi-Element verbindet. In diesem Fall schafft Erde Metall und Feuer Erde, also sollten Sie Gegenstände oder Farben, die mit Metall und Feuer assoziiert werden, hinzufügen (*siehe hierzu die Tabelle mit den Verbesserungsvorschlägen*).

Vierter und siebter Ring: Yin und Yang

Diese beiden Ringe stehen mit dem fünften und achten Ring in Beziehung, da jedes der zwölf Tierzeichen entweder mit Yin oder Yang verbunden ist. Nun sollte sich Ihr persönliches chinesisches Tierzeichen auf dem äußeren Skalenblatt in einer Reihe mit Ihren Ergebnissen auf dem inneren Skalenblatt befinden.

Vergleichen Sie die Yin- oder Yang-Angabe auf dem vierten mit der auf dem siebten Ring. Ist einmal Yin und einmal Yang angezeigt, so haben Sie ein positives Ergebnis erzielt, denn auf diese Weise ist eine dynamische Wechselbeziehung zwischen beiden Kräften vorhanden. Sollten die Ergebnisse der beiden Ringe jedoch übereinstimmend Yin oder Yang sein, so ist dies nicht günstig, obwohl eine Kompensation möglich ist. Haben Sie beispielsweise zwei Yang-Ergebnisse erhalten, dann sollten Sie die Farben und Konturen des Raums dämpfen, um den Yin-Anteil zu erhöhen. Sie könnten in dem Raum auch mit Wasser arbeiten. Sind beide Ergebnisse Yin, dann ist es möglich, Yang durch kräftige helle Farben zu verstärken. Feuer und Hitze sind ebenfalls Yang-Quellen.

Sollten Sie zwei oder mehr negative Kombinationen unter Ihren Ergebnissen haben, so ist es ratsam, eine neue Himmelsrichtung zu wählen. Sollte dies nicht möglich sein, dann gibt es eine Reihe von Maßnahmen, um die Atmosphäre eines Raums nach Feng-Shui-Kriterien zu verbessern. So haben Sie die Möglichkeit, den Ba-Gua-Spiegel, der diesem Set beigegeben ist, aufzuhängen, um unglückbringende Kräfte abzuwehren (siehe Seite 70), oder Sie fügen Pflanzen hinzu, Windspiele oder Lampen, um negative Energien zu zerstreuen und Qi anzuziehen.

Fünfter und achter Ring: Die zwölf Tierzeichen

Vergleichen Sie Ihr persönliches Tierzeichen auf dem achten Ring mit jenem auf dem fünften im inneren Skalenblatt des Feng-Shui-Kompasses. Die folgenden Deutungen auf den Seiten 46 bis 69 zeigen Ihnen die Verträglichkeit der einzelnen Tierzeichen untereinander. Bedenken Sie, daß jedes Ergebnis in bezug auf Ihren Charakter und Ihre Umstände individuell gedeutet werden sollte. Die Anleitung für den sechsten Ring finden Sie ab Seite 70.

Ratte

RATTE UND RATTE

Dies scheint eine gute Kombination zu sein, aber Unzufriedenheit mag Einzug halten, sobald die anfängliche Erregung wegen der Veränderung und die Begeisterung über die neue Herausforderung verblassen. Sie sollten sich auf interessantere Objekte und Farben konzentrieren, um Ihr Interesse lebendig zu halten, und geben Sie nicht gleich auf, wenn Zweifel aufsteigen.

RATTE UND OCHSE

Dies ist eine positive Mischung aus Beständigkeit, Verläßlichkeit und Aufregung, obwohl die Lebhaftigkeit, die mit der Ratte verbunden wird, dem etwas gesetzteren Ochsen manchmal zuviel werden könnte. Wenn Sie Pläne machen, dann denken Sie daran, Raum für Ihre Unabhängigkeit und Ihr Rückzugsbedürfnis zu lassen.

RATTE UND TIGER

Diese Kombination beinhaltet ein gewisses Risiko, aber sie ist auch eine herausfordernde und anregende Verbindung, die sich in der Zukunft als sehr spannend erweisen könnte. Wenn Sie sich genug Zeit nehmen und Verständnis einbringen, dann kann jede Entscheidung, die Sie jetzt treffen, zu einem dauerhaften Bestandteil Ihres Lebens werden.

RATTE UND HASE

Diese Tiere unterscheiden sich sehr voneinander, und es könnte daher schwerfallen, ein Gleichgewicht zwischen Ruhe und Harmonie zu finden. Mit ein wenig Anstrengung können diese Unterschiede mit guter und langanhaltender Wirkung überbrückt werden.

RATTE UND DRACHE

Riskieren Sie anregende und abenteuerliche Pläne, und verfolgen Sie sie mit Aufmerksamkeit für das Detail und dem Gedanken an die Zukunft. Diese raffinierte Partnerschaft könnte aufregende und faszinierende Ergebnisse bringen.

RATTE UND SCHLANGE

Hier herrscht ein Widerstreit zwischen dem Wunsch nach unmittelbarem Handeln und dem Bedürfnis, so wenig Einsatz wie möglich zu leisten. Lassen Sie sich jedoch nicht davon abschrecken, soviel wie möglich aus den sich bietenden Gelegenheiten zu machen, da die Resultate wahrscheinlich positiv sein werden.

RATTE UND PFERD

Diese Verbindung stellt einen Konflikt zwischen hastig getroffenen Entscheidungen und den praktischen Folgen dieser Entscheidungen dar. Nachdenken und Geduld werden die Situation retten.

RATTE UND ZIEGE

Es ist schwer, in dieser Kombination ein Gleichgewicht zwischen dem Vorstellbaren und dem Nützlichen herzustellen, und Ihre kreativen Impulse könnten durch übermäßige Kritik erstickt werden. Um auf dem Boden zu bleiben, sollten Sie Ihren Vorstellungen und Träumen in Verbindung mit praktischen Erwägungen folgen.

RATTE UND AFFE

Diese Verbindung geht mit Komplikationen und Konkurrenzdenken einher, was Ihnen vielleicht sogar Spaß macht. Neben Dynamik ist auch Instabilität eine Eigenschaft dieser Kombination. Was Sie tun, wird vielleicht nicht gewürdigt, also müssen Sie Geduld und Vertrauen entwickeln.

RATTE UND HAHN

Verlieren Sie nicht Ihren Plan aus den Augen, weil Sie zu kritisch und zu extravagant sind. Sie sollten versuchen, über das Oberflächliche hinauszugehen, um eine harmonische und gut funktionierende Umgebung zu schaffen.

RATTE UND HUND

Durch diese Partnerschaft wird eine warme und intime Atmosphäre geschaffen. Ihre Pläne sollten darauf ausgerichtet sein, für eine Umgebung der Geborgenheit zu sorgen, die nicht nur Vertrauen, sondern auch Intimität fördert.

RATTE UND SCHWEIN

Dies ist eine aufregende Kombination, die wahrscheinlich viel Vergnügen in Ihr Leben bringen wird. Es macht Ihnen Spaß, von schönen Dingen umgeben zu sein, und mit der richtigen Portion Einfühlungsvermögen werden Ihnen Ihre Entscheidungen viel Freude bereiten.

Ochse

OCHSE UND RATTE

Dies ist eine positive Mischung aus Beständigkeit, Verläßlichkeit und Aufregung, obwohl die Lebhaftigkeit, die mit der Ratte verbunden wird, dem etwas gesetzteren Ochsen manchmal zuviel werden könnte. Wenn Sie Pläne machen, dann denken Sie daran, Raum für Ihre Unabhängigkeit und Ihr Rückzugsbedürfnis zu lassen.

OCHSE UND OCHSE

Diese Kombination enthält ein starkes Element der Verläßlichkeit und Sicherheit, und genau das ist es, was Sie zur Zeit benötigen. Jedoch sollten Sie auch die eine oder andere Farbe oder Formgebung riskieren, um Langeweile auszuschließen.

OCHSE UND TIGER

Der eine Teil dieser Verbindung möchte sich an Herausforderungen messen und erfreut sich an neuen Mustern und Formen, aber der andere braucht Verläßlichkeit und Vertrautheit. Es bedarf vielleicht großer Anstrengung, um ein befriedigendes Gleichgewicht herzustellen, aber mit Geduld und Anpassungsfähigkeit kann es gelingen. Benutzen Sie Farben, Strukturen, Pflanzen und Blumen, um natürliche und interessante Anreize zu schaffen.

OCHSE UND HASE

Sobald das anfängliche Gefühl von Unschlüssigkeit in dieser Kombination behoben ist, bietet sie viele gute Gelegenheiten für die Zukunft. Jedoch liegt die Betonung sehr stark auf Vertrautheit, Verläßlichkeit und auf einem friedvollen, häuslichen Leben.

OCHSE UND DRACHE

Hier liegt eine Neigung vor, eine Entscheidung zu treffen, die der Eingebung des Augenblicks folgt, aber sie wird durch das Bedürfnis nach Geduld und Vertrautheit gezügelt. Diese Kombination könnte sich als belebende Erfahrung herausstellen, obwohl Sie sich vielleicht von Zeit zu Zeit nach einer Veränderung sehnen.

OCHSE UND SCHLANGE

In dieser Verbindung kommen Reflexion und Aktion auf ausgeglichene Weise zum Tragen. Achten Sie darauf, daß Sie Ihre Zukunft vor allem im Hinblick auf Bequemlichkeit und Sicherheit planen.

OCHSE UND PFERD

Hier kollidiert das Bedürfnis nach Ruhe und Frieden mit dem Wunsch nach Aktion und spontanen Entschlüssen. Es mag schwerfallen, sich den Umständen anzupassen, aber versuchen Sie sowohl für das Romantische als auch für das Praktische Raum zu schaffen. Richten Sie Ihre Umgebung so ein, daß Sie dort Frieden finden, aber auch andere Menschen willkommen heißen können.

OCHSE UND ZIEGE

Kreative Begabungen und praktische Bedürfnisse dürften hier gut miteinander verschmelzen, obwohl die Phantasie möglicherweise praktisches, detailbetontes Arbeiten erschweren könnte. Versuchen Sie Ideal und Realität besser in Einklang zu bringen, um Ihre Vorstellungen zu verwirklichen.

OCHSE UND AFFE

Dies ist eine gute Verbindung zwischen Originalität und Stabilität, eine Kombination, die sowohl durch Farbigkeit und Stil als auch durch die Schaffung einer bequemen Umgebung beeindruckt.

OCHSE UND HAHN

Diese Verbindung weist auf das Bedürfnis hin, eine tröstliche, friedliche und einladende Umgebung zu schaffen. Aber vergessen Sie nicht, auch ein wenig Stil einzubringen und Ihrer Kreativität Raum zu geben.

OCHSE UND HUND

Sie fühlen sich gerne sicher und beschützt, und diese Kombination verleiht Ihren Plänen Tiefe und Stabilität. Sie sollten eine Umgebung schaffen, die Entspannung fördert. Aber vergessen Sie dabei nicht, auf die Details zu achten.

OCHSE UND SCHWEIN

Dies ist eine friedliche und freundliche Kombination, obwohl ihr auch das Bedürfnis nach Farbigkeit und Aufregung inneliegt, das Sie nicht übergehen dürfen.

Tiger

TIGER UND RATTE

Diese Kombination beinhaltet ein gewisses Risiko, aber sie ist auch eine herausfordernde und anregende Verbindung, die sich in der Zukunft als sehr spannend erweisen könnte. Wenn Sie sich genug Zeit nehmen und Verständnis einbringen, dann kann jede Entscheidung, die Sie jetzt treffen, zu einem dauerhaften Bestandteil ihres Lebens werden.

TIGER UND OCHSE

Der eine Teil dieser Verbindung möchte sich an Herausforderungen messen und erfreut sich an neuen Mustern und Formen, aber der andere braucht Verläßlichkeit und Vertrautheit. Es bedarf vielleicht großer Anstrengung, um ein befriedigendes Gleichgewicht herzustellen, aber mit Geduld und Anpassungsfähigkeit kann es gelingen. Benutzen Sie Farben, Strukturen, Pflanzen und Blumen, um natürliche und interessante Anreize zu schaffen.

TIGER UND TIGER

Die Betonung hier liegt auf Unabhängigkeit, aber achten Sie darauf, es nicht zu weit zu treiben. Sie brauchen Ihre Zurückgezogenheit und Freiheit, daher wäre eine Umgebung, die Sie ermutigt, sich zu entspannen und zu beruhigen, sehr nützlich. Sie müssen einen Ausgleich zwischen Antrieb und Besonnenheit finden.

TIGER UND HASE

Diese Verbindung sollte gut funktionieren, solange Sie eine bequeme und sichere Umgebung schaffen, die Raum für Alleinsein und Freiheit läßt. Sie wird jedoch scheitern, wenn Ihre Pläne zu durchschaubar oder zu abenteuerlich sind.

TIGER UND DRACHE

Energie und Aufregung treiben Sie an, und Sie werden schnell vorhersehbarer oder langweiliger Umgebungen überdrüssig. Vermutlich haben Sie Freude an ungewöhnlichen oder avantgardistischen Gestaltungen, aber halten Sie inne, bevor Sie zuviel Geld für luxuriöse Gegenstände oder teure Einrichtungen ausgeben.

TIGER UND SCHLANGE

In dieser Kombination könnte zuviel Lebenskraft und Risiko liegen. Einerseits herrscht hier ein Bedürfnis für Umgebungen vor, die friedlich sind und zum Nachdenken einladen, andererseits aber regieren Tatendrang und der Wunsch nach Farbigkeit. Die Lösung könnte darin bestehen, zwei unterschiedliche Bereiche zu schaffen, einen spannungsreichen und einen beruhigenden.

TIGER UND PFERD

Begeisterung und Aufregung bestimmen hier vermutlich die Entscheidungen, aber versuchen Sie, bei Ihren Plänen auch andere nicht zu vergessen, da deren Vorschläge und Anteilnahme von Nutzen sein könnten. Dies ist eine Kombination, die vor Leben sprüht und viele interessante und anregende Möglichkeiten bereithält.

TIGER UND ZIEGE

Die beiden ergänzen einander gut, und der Grad Ihrer Begeisterung ist hoch, doch behalten Sie Ihre Ausgaben gut im Auge. Obgleich Sie im Genuß schöner Dinge und einer reizvollen Umgebung sind, brauchen Sie von Zeit zu Zeit einen Tapetenwechsel.

TIGER UND AFFE

Hier ist ein gewisses Maß an Unsicherheit und Verwirrung zu beobachten. Dem kann durch etwas weniger Kritik und offenere Unterstützung die Spitze genommen werden.

TIGER UND HAHN

Die Betonung liegt hier darauf, schon beim ersten Blick einen guten Eindruck zu machen, aber es könnte schwierig werden, etwas zu finden, was auf lange Sicht befriedigt. Treffen Sie Ihre Entscheidungen nicht zu rasch, und lassen Sie sich genug Zeit zum Nachdenken, bevor Sie handeln.

TIGER UND HUND

Dies ist eine Kombination voller Möglichkeiten, aber seien Sie nicht zu idealistisch. Sie benötigen bei Ihrer Planung ein Mindestmaß an gesundem Menschenverstand.

TIGER UND SCHWEIN

Vertrauen und Individualität sind die starken Elemente dieser Kombination. Es ist also wichtig, daß Sie sich durch Ihre Umgebung nicht in die Falle gelockt fühlen. Wir finden hier Freude an luxuriösen, aufwendigen Gestaltungen, aber auch das Bedürfnis nach einem Rückzugsort.

Hase

HASE UND RATTE

Diese Tiere unterscheiden sich sehr voneinander, und es könnte daher schwerfallen, ein Gleichgewicht zwischen Ruhe und Harmonie zu finden. Mit ein wenig Anstrengung können diese Unterschiede mit guter und langanhaltender Wirkung überbrückt werden.

HASE UND OCHSE

Sobald das anfängliche Gefühl von Unschlüssigkeit in dieser Kombination behoben ist, bietet sie viele gute Gelegenheiten für die Zukunft. Jedoch liegt die Betonung sehr stark auf Vertrautheit, Verläßlichkeit und auf einem friedvollen, häuslichen Leben.

HASE UND TIGER

Diese Verbindung sollte gut funktionieren, solange Sie eine bequeme und sichere Umgebung schaffen, die Raum für Alleinsein und Freiheit läßt. Sie wird jedoch scheitern, wenn Ihre Pläne zu durchschaubar oder zu abenteuerlich sind – Sie müssen ein Gleichgewicht zwischen beidem schaffen.

HASE UND HASE

Sie brauchen das Gefühl von Sicherheit und Beschütztheit. Hierbei handelt es sich nicht um eine dynamische, sondern um eine sanfte Verbindung. Also sollten Sie einen Ort der Entspannung schaffen, der durch ruhige Gestaltungen und Farben die Harmonie fördert.

HASE UND DRACHE

Hier fällt es schwer, für eine angemessene Umgebung zu sorgen, da ein scharfer Kontrast zwischen starker Triebkraft und peniblem Ordnungssinn besteht. Konzessionen in beide Richtungen werden erforderlich sein.

HASE UND SCHLANGE

Konzentrieren Sie sich auf Umgebungen, die Ihnen ein Gefühl von Sicherheit und Frieden geben, aber auch dem Auge schmeicheln. Sie haben eine Vorliebe für schöne Objekte und sind in dieser Kombination auf einen Gleichgesinnten gestoßen.

HASE UND PFERD

Vertrauen und Begeisterung werden dazu beitragen, jedes Zögern zu überwinden, das aus dieser Verbindung entstehen könnte; aber Sie sollten sich davor in acht nehmen, zu zuversichtlich oder selbstsüchtig zu sein.

HASE UND ZIEGE

Sie müssen sich in Ihrer Umgebung sicher und friedvoll fühlen. Diese Partnerschaft sorgt für diese Sicherheit und gestattet zugleich kreativen Einsatz und Freiheit des Ausdrucks.

HASE UND AFFE

Sie verfügen über viel Intuition, die hier zu gutem Einsatz gebracht werden könnte. Vertrautheit und Verläßlichkeit sind starke Elemente bei diesem Paar, obwohl Sie es sich leisten könnten, gelegentlich auch einmal ein Risiko einzugehen.

HASE UND HAHN

Hier prallt das Bedürfnis zu beeindrucken auf den Wunsch nach Bequemlichkeit und Zurückgezogenheit. Anregende und farbenfrohe Umgebungen zu schaffen ist eine verlockende Sache, aber vergessen Sie nicht, daß Sie auch einen Ort brauchen, wo Sie sich entspannen können.

HASE UND HUND

Sie wollen Ihr Heim und seine Atmosphäre schützen, daher ist dies eine gute Verbindung, wenn Sie über eine persönliche Ruhezone entscheiden.

HASE UND SCHWEIN

Zurückgezogenheit und Friede sagen Ihrem Charakter zu, und das bezeichnet eine ruhige und harmonische Kombination. Sie machen es sich gerne daheim behaglich, doch ein paar Farbtupfer oder ein ungewöhnliches Gestaltungselement würden Ihrer Umgebung eine lebendigere Note geben.

Drache

DRACHE UND RATTE

Riskieren Sie anregende und abenteuerliche Pläne, und verfolgen Sie sie mit Aufmerksamkeit für das Detail und dem Gedanken an die Zukunft. Diese raffinierte Partnerschaft könnte aufregende und faszinierende Ergebnisse bringen.

DRACHE UND OCHSE

Hier liegt eine Neigung vor, eine Entscheidung zu treffen, die der Eingebung des Augenblicks folgt, aber sie wird durch das Bedürfnis nach Geduld und Vertrautheit gezügelt. Diese Kombination könnte sich als belebende Erfahrung herausstellen, obwohl Sie sich vielleicht von Zeit zu Zeit nach einer Veränderung sehnen.

DRACHE UND TIGER

Energie und Aufregung treiben Sie an, und Sie werden schnell vorhersehbarer oder langweiliger Umgebungen überdrüssig. Vermutlich haben Sie Freude an ungewöhnlichen oder avantgardistischen Gestaltungen, aber halten Sie inne, bevor Sie zuviel Geld für luxuriöse Gegenstände oder teure Gestaltungen ausgeben.

DRACHE UND HASE

Hier fällt es schwer, für eine angemessene Umgebung zu sorgen, da ein scharfer Kontrast zwischen starker Triebkraft und peniblem Ordnungssinn besteht. Konzessionen in beide Richtungen werden erforderlich sein.

DRACHE UND DRACHE

Sie werden von leuchtenden Farben, aufregender Gestaltung und ungewöhnlichen Arrangements angezogen, und es gefällt Ihnen, andere mit Ihrem Stil zu beeindrucken. Hier handelt es sich um eine lebhafte und positive Kombination, die voller kluger Ideen ist, aber denken Sie auch daran, daß andere Ihnen wertvollen Rat schenken können.

DRACHE UND SCHLANGE

Lassen Sie Ihren Stil und Ihre Vorlieben in Ihre Pläne einfließen, solange sie nicht Ihren Rhythmus und Ihre Bequemlichkeit beeinträchtigen. Es ist möglich, daß Sie sich mit all den Gegenständen umgeben, die Sie mögen, und dennoch andere durch diese lebhaften Formen und Farben beeindrucken.

DRACHE UND PFERD

Versuchen Sie Ihre Entscheidungen nicht zu sehr von Ihrer Begeisterung oder von Ihren persönlichen Bedürfnissen beherrschen zu lassen. Zurückgezogenheit ist Ihnen genauso wichtig wie der Wunsch, daß andere Ihre Leistungen bewundern.

DRACHE UND ZIEGE

In dieser Kombination liegt die Versuchung, daß bei Gestaltung und Farbwahl Ihre Phantasie mit Ihnen durchgeht. Das Ergebnis ist für andere nicht immer erfreulich. Sie sollten versuchen, sich für Ratschläge zu öffnen.

DRACHE UND AFFE

Dies ist eine aufregende Kombination, die Vertrauen und Erfolg fördert. Die Betonung liegt auf Wagemut, dem Ungewöhnlichen und der Faszination.

DRACHE UND HAHN

Diese Verbindung besitzt große Ausstrahlung und verspricht viel Farbe und Aufregung. Sie ziehen lebhafte Aktionen der zurückhaltenden Feinsinnigkeit vor, und diese besondere Kombination paßt zu der Seite Ihres Charakters, die Spaß und Unterhaltung genießt.

DRACHE UND HUND

Es fällt diesen beiden schwer, sich aufeinander zu beziehen. Auf der einen Seite steht die Suche nach Bequemlichkeit, auf der anderen der Wunsch nach Extravaganz. Sie sollten zwei Bereiche schaffen – einen voll prallen Lebens, der die Aufmerksamkeit auf sich zieht, und einen, der sicher und ruhig ist.

DRACHE UND SCHWEIN

Hier locken aufregende Möglichkeiten, obwohl es Ihnen schwerfallen mag, endgültige Entscheidungen über eine Farbzusammenstellung oder ein Möbelstück zu fällen. Spielraum für ungewöhnliche Gestaltungen oder Farbzusammenstellungen ist reichlich vorhanden.

Schlange

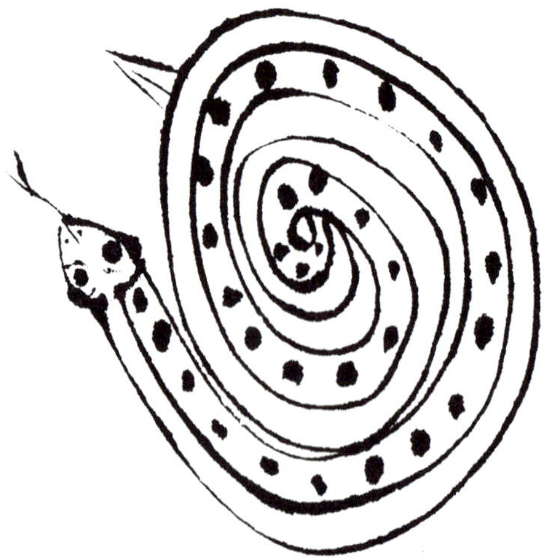

SCHLANGE UND RATTE

Hier herrscht ein Widerstreit zwischen dem Wunsch nach unmittelbarem Handeln und dem Bedürfnis, so wenig Einsatz wie möglich zu leisten. Lassen Sie sich jedoch nicht davon abschrecken, soviel wie möglich aus den sich bietenden Gelegenheiten zu machen, da die Resultate wahrscheinlich positiv sein werden.

SCHLANGE UND OCHSE

In dieser Verbindung kommen Reflexion und Aktion auf ausgeglichene Weise zum Tragen. Achten Sie darauf, daß Sie Ihre Zukunft vor allem im Hinblick auf Bequemlichkeit und Sicherheit planen.

SCHLANGE UND TIGER

In dieser Kombination könnte zuviel Lebenskraft und Risiko liegen. Einerseits herrscht hier ein Bedürfnis für Umgebungen vor, die friedlich sind und zum Nachdenken einladen, andererseits aber regieren Tatendrang und der Wunsch nach Farbigkeit. Die Lösung könnte darin bestehen, zwei unterschiedliche Bereiche zu schaffen, einen spannungsreichen und einen beruhigenden.

SCHLANGE UND HASE

Konzentrieren Sie sich auf Umgebungen, die Ihnen ein Gefühl von Sicherheit und Frieden geben, aber auch dem Auge schmeicheln. Sie haben eine Vorliebe für schöne Objekte und sind in dieser Kombination auf einen Gleichgesinnten gestoßen.

SCHLANGE UND DRACHE

Lassen Sie Ihren Stil und Ihre Vorlieben in Ihre Pläne einfließen, solange sie nicht Ihren Rhythmus und Ihre Bequemlichkeiten beeinträchtigen. Es ist möglich, daß Sie sich mit all den Gegenständen umgeben, die Sie mögen, und dennoch andere durch diese lebhaften Formen und Farben beeindrucken.

SCHLANGE UND SCHLANGE

Diese Verbindung hat viel für Vergnügen und Frohsinn übrig, doch es könnte auch zuviel des Guten werden. Versuchen Sie, Ihren individuellen Stil zu wahren, und setzen Sie sich nicht selbst unter Druck.

SCHLANGE UND PFERD

Zahlreiche aufregende und positive Möglichkeiten bieten sich in dieser Kombination. Sie haben das Bedürfnis, sich in Ihrer Umgebung auszudrücken. Versuchen Sie aber auch, die Vorschläge anderer nicht zurückzuweisen.

SCHLANGE UND ZIEGE

Hier herrscht eine große Liebe für Kunst und Harmonie. Sie sollten sich in Ihren Bemühungen darauf konzentrieren, eine angenehme und phantasievolle Umgebung zu schaffen, aber dabei möglichst Auseinandersetzungen mit anderen vermeiden.

SCHLANGE UND AFFE

Dies ist eine anregende und intelligente Kombination, die vor allem im Zusammenhang mit dem Arbeitsplatz zum Tragen kommt. Obwohl Sie Situationen schnell und scharfsinnig beurteilen können, sollten Sie sich doch auch genug Zeit gönnen, um Ihre Entscheidungen sorgfältig zu überdenken. Bei einem raschen Umzug wird es Ihnen leichtfallen, sich einzugewöhnen.

SCHLANGE UND HAHN

Die Betonung in dieser Verbindung liegt auf Eleganz und Stil. Was immer Ihren guten Geschmack, Ihren Sinn für Farbe und Gestaltung anspricht, wird hier Wunder wirken.

SCHLANGE UND HUND

In dieser Partnerschaft liegt ein großes Potential, und in ihr verbinden sich häusliche, verläßliche Eigenschaften mit Abenteuerlust.

SCHLANGE UND SCHWEIN

Oberflächlich betrachtet scheint dies keine gute Verbindung zu sein, aber mit der Zeit könnte sie sich als anregend und herausfordernd erweisen. Schön anzusehende Gegenstände werden geschätzt, wobei ein besonderer Sinn für Details vorhanden ist.

Pferd

PFERD UND RATTE

Diese Verbindung stellt einen Konflikt zwischen hastig getroffenen Entscheidungen und den praktischen Folgen dieser Entscheidungen dar. Nachdenken und Geduld werden die Situation retten.

PFERD UND OCHSE

Hier kollidiert das Bedürfnis nach Ruhe und Frieden mit dem Wunsch nach Aktion und spontanen Entschlüssen. Es mag schwerfallen, sich den Umständen anzupassen, aber versuchen Sie sowohl für das Romantische als auch für das Praktische Raum zu schaffen. Richten Sie Ihre Umgebung so ein, daß Sie dort Frieden finden, aber auch andere Menschen willkommen heißen können.

PFERD UND TIGER

Begeisterung und Aufregung bestimmen hier vermutlich die Entscheidungen, aber versuchen Sie, bei Ihren Plänen auch andere nicht zu vergessen, da deren Vorschläge und Anteilnahme von Nutzen sein könnten. Dies ist eine Kombination, die vor Leben sprüht und viele interessante und anregende Möglichkeiten bereithält.

PFERD UND HASE

Vertrauen und Begeisterung werden dazu beitragen, jedes Zögern zu überwinden, das aus dieser Verbindung entstehen könnte; aber Sie sollten sich davor in acht nehmen, zu zuversichtlich oder selbstsüchtig zu sein.

PFERD UND DRACHE

Versuchen Sie Ihre Entscheidungen nicht zu sehr von Ihrer Begeisterung oder von Ihren persönlichen Bedürfnissen beherrschen zu lassen. Zurückgezogenheit ist Ihnen genauso wichtig wie der Wunsch, daß andere Ihre Leistungen bewundern.

PFERD UND SCHLANGE

Zahlreiche aufregende und positive Möglichkeiten bieten sich in dieser Kombination. Sie haben das Bedürfnis, sich in Ihrer Umgebung auszudrücken. Versuchen Sie aber auch, die Vorschläge anderer nicht zurückzuweisen.

PFERD UND PFERD

Hinter dieser Partnerschaft verbirgt sich viel Aufregung und Dynamik. Doch sollten Sie sorgfältig nachdenken, bevor Sie Entscheidungen treffen, damit Sie Enttäuschungen in der Zukunft vermeiden.

PFERD UND ZIEGE

Dies ist eine gute Kombination, die Ihrem Sinn für Spaß, Ihrer Bereitschaft, sich mit dem Unerwarteten auseinanderzusetzen, und Ihrer Abneigung gegen alles Weltliche entspricht. Hier bieten sich zahlreiche aufregende Möglichkeiten.

PFERD UND AFFE

In dieser Kombination drückt sich der Konflikt zwischen einer vernunftbetonten und einer mehr spontanen Handlungsweise aus. Um den Ausgleich zu finden, sollten Sie Ihre Ideen frei fließen lassen und Ihre Phantasie einsetzen. Aber lassen Sie sich bei der Bewertung des Geschehens und der Ergebnisse Zeit.

PFERD UND HAHN

Der Wunsch, Eindruck zu machen, ist genauso stark wie Ihre Sensibilität gegenüber der Außenwelt, aber Sie brauchen mehr Geduld. Sie werden vielleicht feststellen, daß Sie sich bald wieder nach Veränderung sehnen.

PFERD UND HUND

Dieser Kombination liegt ein ausgeprägter Sinn für Zurückgezogenheit und Unabhängigkeit inne. Sie sollten lieber Ihrem Instinkt vertrauen, als andere zu sehr beeindrucken zu wollen.

PFERD UND SCHWEIN

Dies ist eine leichte und angenehme Kombination, aber es könnte Zeit und Anstrengung kosten, sie auch zu erhalten. Seien Sie nicht überrascht, wenn Sie schon bald ein Bedürfnis nach Veränderung spüren.

Ziege

ZIEGE UND RATTE

Es ist schwer, in dieser Kombination ein Gleichgewicht zwischen dem Vorstellbaren und dem Nützlichen herzustellen, und Ihre kreativen Impulse könnten durch übermäßige Kritik erstickt werden. Um auf dem Boden zu bleiben, sollten Sie Ihren Vorstellungen und Träumen in Verbindung mit praktischen Erwägungen folgen.

ZIEGE UND OCHSE

Kreative Begabungen und praktische Bedürfnisse dürften hier gut miteinander verschmelzen, obwohl die Phantasie möglicherweise praktisches, detailbetontes Arbeiten erschweren könnte. Versuchen Sie Ideal und Realität besser in Einklang zu bringen, um Ihre Vorstellungen zu verwirklichen.

ZIEGE UND TIGER

Die beiden ergänzen einander gut, und der Grad Ihrer Begeisterung ist hoch, doch behalten Sie Ihre Ausgaben gut im Auge. Obgleich Sie im Genuß schöner Dinge und einer reizvollen Umgebung sind, brauchen Sie von Zeit zu Zeit einen Tapetenwechsel.

ZIEGE UND HASE

Sie müssen sich in Ihrer Umgebung sicher und friedvoll fühlen. Diese Partnerschaft sorgt für diese Sicherheit und gestattet zugleich kreativen Einsatz und Freiheit des Ausdrucks.

ZIEGE UND DRACHE

In dieser Kombination liegt die Versuchung, daß bei Gestaltung und Farbwahl Ihre Phantasie mit Ihnen durchgeht. Das Ergebnis ist für andere nicht immer erfreulich. Sie sollten versuchen, sich für Ratschläge zu öffnen.

ZIEGE UND SCHLANGE

Hier herrscht eine große Liebe für Kunst und Harmonie. Sie sollten sich in Ihren Bemühungen darauf konzentrieren, eine angenehme und phantasievolle Umgebung zu schaffen, aber dabei möglichst Auseinandersetzungen mit anderen vermeiden.

ZIEGE UND PFERD

Dies ist eine gute Kombination, die Ihrem Sinn für Spaß, Ihrer Bereitschaft, sich mit dem Unerwarteten auseinanderzusetzen, und Ihrer Abneigung gegen alles Weltliche entspricht. Hier bieten sich zahlreiche aufregende Möglichkeiten.

ZIEGE UND ZIEGE

Sie haben eine starke Liebe für die Kunst, und ungewöhnliche Stile sprechen Sie an, aber übersehen Sie bei der Jagd nach der Schönheit Ihre finanziellen Grenzen nicht.

ZIEGE UND AFFE

Phantasie und Intelligenz arbeiten hier Hand in Hand, aber auch Spaß spielt eine wichtige Rolle. Der Sinn für Spontaneität ist vorhanden, aber Sie könnten sich auch schnell langweilen oder enttäuscht sein. Achten Sie auf Ihre Umgebung, und seien Sie auf Veränderungen vorbereitet, so daß Ihr Interesse nicht erlahmt.

ZIEGE UND HAHN

Dies ist eine gute Kombination, wenn Sie unterhaltsam sein wollen, aber zu guter Letzt wird es Ihnen schwerfallen, für Harmonie zu sorgen. Nehmen Sie sich die Zeit, um Empfindungsvermögen und Verständnis mit Kreativität und wagemutiger Gestaltung zu verbinden.

ZIEGE UND HUND

Hier herrscht ein Konflikt zwischen gesundem Menschenverstand und Idealismus, und Entscheidungen könnten sich aufgrund von Zweifeln und Ängsten als schwierig erweisen. Ihre Umgebung sollte bequem, sicher und beruhigend sein. Aber vergessen Sie nicht, daß frische, kreative Elemente eine positive Dimension einbringen könnten.

ZIEGE UND SCHWEIN

Die beiden Zeichen verbindet Harmonie, und Ihnen gemeinsam ist der Sinn für Schönheit. Sie erfreuen sich an einer friedlichen und kreativen Umgebung, aber halten Sie dabei ein Auge auf Ihre Finanzen gerichtet.

Affe

AFFE UND RATTE

Diese Verbindung geht mit Komplikationen und Konkurrenzdenken einher, was Ihnen vielleicht sogar Spaß macht. Neben Dynamik ist auch Instabilität eine Eigenschaft dieser Kombination. Was Sie tun, wird vielleicht nicht gewürdigt, also müssen Sie Geduld und Vertrauen entwickeln.

AFFE UND OCHSE

Dies ist eine gute Verbindung zwischen Originalität und Stabilität, eine Kombination, die sowohl durch Farbigkeit und Stil als auch durch die Schaffung einer bequemen Umgebung beeindruckt.

AFFE UND TIGER

Hier ist ein gewisses Maß an Unsicherheit und Verwirrung zu beobachten. Dem kann durch etwas weniger Kritik und offenere Unterstützung die Spitze genommen werden.

AFFE UND HASE

Sie verfügen über viel Intuition, die hier zu gutem Einsatz gebracht werden könnte. Vertrautheit und Verläßlichkeit sind starke Elemente bei diesem Paar, obwohl Sie es sich leisten könnten, gelegentlich auch einmal ein Risiko einzugehen.

AFFE UND DRACHE

Dies ist eine aufregende Kombination, die Vertrauen und Erfolg fördert. Die Betonung liegt auf Wagemut, dem Ungewöhnlichen und der Faszination.

AFFE UND SCHLANGE

Dies ist eine anregende und intelligente Kombination, die vor allem im Zusammenhang mit dem Arbeitsplatz zum Tragen kommt. Obwohl Sie Situationen schnell und scharfsinnig beurteilen können, sollten Sie sich doch auch genug Zeit gönnen, um Ihre Entscheidungen sorgfältig zu überdenken. Bei einem raschen Umzug wird es Ihnen leichtfallen, sich einzugewöhnen.

AFFE UND PFERD

In dieser Kombination drückt sich der Konflikt zwischen einer vernunftbetonten und einer mehr spontanen Handlungsweise aus. Um den Ausgleich zu finden, sollten Sie Ihre Ideen frei fließen lassen und Ihre Phantasie einsetzen. Aber lassen Sie sich bei der Bewertung des Geschehens und der Ergebnisse Zeit.

AFFE UND ZIEGE

Phantasie und Intelligenz arbeiten hier Hand in Hand, aber auch Spaß spielt eine wichtige Rolle. Der Sinn für Spontaneität ist vorhanden, aber Sie könnten sich auch schnell langweilen oder enttäuscht sein. Achten Sie auf Ihre Umgebung, und seien Sie auf Veränderungen vorbereitet, so daß Ihr Interesse nicht erlahmt.

AFFE UND AFFE

Dies ist eine intelligente und anregende Partnerschaft, mit der es sich nicht nur leicht leben lassen wird, sondern deren Niveau auch noch angehoben werden kann.

AFFE UND HAHN

Unsicherheit kündigt sich an, also sind Zuverlässigkeit und Besonnenheit hier von besonderer Bedeutung. Denken Sie sorgfältig nach, bevor Sie irgendeine Entscheidung treffen. Sie brauchen eine Umgebung, die sowohl anregend als auch auf andere einladend wirkt.

AFFE UND HUND

Hier liegt eine Kombination aus Idealismus und Zynismus vor, mit der sehr vorsichtig umgegangen werden muß. Sie sollten eine Umgebung schaffen, die anregende Gegenstände und Farben enthält, zugleich aber auch besänftigend wirkt und der Tradition verpflichtet ist.

AFFE UND SCHWEIN

Hinter dieser Partnerschaft verbirgt sich ein großartiges Potential. Wenn Sie vorsichtig und ehrlich damit umgehen, wird sie sich als gute Partie voller Feingefühl und Attraktivität erweisen.

Hahn

HAHN UND RATTE

Verlieren Sie nicht Ihren Plan aus den Augen, weil Sie zu kritisch und zu extravagant sind. Sie sollten versuchen, über das Oberflächliche hinauszugehen, um eine harmonische und gut funktionierende Umgebung zu schaffen.

HAHN UND OCHSE

Diese Verbindung weist auf das Bedürfnis hin, eine tröstliche, friedliche und einladende Umgebung zu schaffen. Aber vergessen Sie nicht, auch ein wenig Stil einzubringen und Ihrer Kreativität Raum zu geben.

HAHN UND TIGER

Die Betonung liegt hier darauf, schon beim ersten Blick einen guten Eindruck zu machen, aber es könnte schwierig werden, etwas zu finden, was auf lange Sicht befriedigt. Treffen Sie Ihre Entscheidungen nicht zu rasch, und lassen Sie sich genug Zeit zum Nachdenken, bevor Sie handeln.

HAHN UND HASE

Hier prallt das Bedürfnis zu beeindrucken auf den Wunsch nach Bequemlichkeit und Zurückgezogenheit. Anregende und farbenfrohe Umgebungen zu schaffen ist eine verlockende Sache, aber vergessen Sie nicht, daß Sie auch einen Ort brauchen, wo Sie sich entspannen können.

HAHN UND DRACHE

Diese Verbindung besitzt große Ausstrahlung und verspricht viel Farbe und Aufregung. Sie ziehen lebhafte Aktionen der zurückhaltenden Feinsinnigkeit vor, und diese besondere Kombination paßt zu der Seite Ihres Charakters, die Spaß und Unterhaltung genießt.

HAHN UND SCHLANGE

Die Betonung in dieser Verbindung liegt auf Eleganz und Stil. Was immer Ihren guten Geschmack, Ihren Sinn für Farbe und Gestaltung anspricht, wird hier Wunder wirken.

HAHN UND PFERD

Der Wunsch, Eindruck zu machen, ist genauso stark wie Ihre Sensibilität gegenüber der Außenwelt, aber Sie brauchen mehr Geduld. Sie werden vielleicht feststellen, daß Sie sich bald wieder nach Veränderung sehnen.

HAHN UND ZIEGE

Dies ist eine gute Kombination, wenn Sie unterhaltsam sein wollen, aber es wird Ihnen schwerfallen, für Harmonie zu sorgen. Nehmen Sie sich die Zeit, um Empfindungsvermögen und Verständnis mit Kreativität und wagemutiger Gestaltung zu verbinden.

HAHN UND AFFE

Unsicherheit kündigt sich an, also sind Zuverlässigkeit und Besonnenheit hier von besonderer Bedeutung. Denken Sie sorgfältig nach, bevor Sie irgendeine Entscheidung treffen. Sie brauchen eine Umgebung, die sowohl anregend als auch auf andere einladend wirkt.

HAHN UND HAHN

Viel Zeit könnte damit verschwendet werden, in unbedeutenden Dingen Fehler zu suchen, aber daneben erkennt man ein Gefühl für Stil und Individualität. Achten Sie darauf, daß Sie bei der Auswahl von Möbeln und Dekorationen in Ihrem Eifer Ihre Finanzen nicht aus den Augen verlieren.

HAHN UND HUND

Beide Zeichen besitzen Scharfsinn und Feingefühl, aber Sie sollten sich davor hüten, in Ihrer Auswahl zu kritisch zu sein, sonst werden Sie das Gefühl der Befriedigung verlieren. Auf Gestaltung und Stil wird bei dieser Verbindung viel Wert gelegt, aber geben Sie acht, daß Sie nicht zuviel Geld ausgeben.

HAHN UND SCHWEIN

Diese Partnerschaft verbindet einen Sinn für Stil mit der Einsicht in die praktischen Notwendigkeiten. Wahrscheinlich fühlen Sie sich in einer entspannten und unbeschwerten Atmosphäre am wohlsten.

Hund

HUND UND RATTE

Durch diese Partnerschaft wird eine warme und intime Atmosphäre geschaffen. Ihre Pläne sollten darauf ausgerichtet sein, für eine Umgebung der Geborgenheit zu sorgen, die nicht nur Vertrauen sondern auch Intimität fördert.

HUND UND OCHSE

Sie fühlen sich gerne sicher und beschützt, und diese Kombination verleiht Ihren Plänen Tiefe und Stabilität. Sie sollten eine Umgebung schaffen, die Entspannung fördert. Aber vergessen Sie dabei nicht, auf die Details zu achten.

HUND UND TIGER

Dies ist eine Kombination voller Möglichkeiten, aber seien Sie nicht zu idealistisch. Sie benötigen bei Ihrer Planung ein Mindestmaß an gesundem Menschenverstand.

HUND UND HASE

Sie wollen Ihr Heim und seine Atmosphäre schützen, daher ist dies eine gute Verbindung, wenn Sie über eine persönliche Ruhezone entscheiden.

HUND UND DRACHE

Es fällt diesen beiden schwer, sich aufeinander zu beziehen. Auf der einen Seite steht die Suche nach Bequemlichkeit, auf der anderen der Wunsch nach Extravaganz. Sie sollten zwei Bereiche schaffen – einen voll prallen Lebens, der die Aufmerksamkeit auf sich zieht, und einen, der behaglich und ruhig ist.

HUND UND SCHLANGE

In dieser Partnerschaft liegt ein großes Potential, und in ihr verbinden sich häusliche, verläßliche Eigenschaften mit Abenteuerlust.

HUND UND PFERD

Dieser Kombination liegt ein ausgeprägter Sinn für Zurückgezogenheit und Unabhängigkeit inne. Sie sollten lieber Ihrem Instinkt vertrauen, als andere zu sehr beeindrucken zu wollen.

HUND UND ZIEGE

Hier herrscht ein Konflikt zwischen gesundem Menschenverstand und Idealismus, und Entscheidungen könnten sich aufgrund von Zweifeln und Ängsten als schwierig erweisen. Ihre Umgebung sollte bequem, sicher und beruhigend sein. Aber vergessen Sie nicht, daß frische, kreative Elemente eine positive Dimension einbringen könnten.

HUND UND AFFE

Hier liegt eine Kombination aus Idealimus und Zynismus vor, mit der sehr vorsichtig umgegangen werden muß. Sie sollten eine Umgebung schaffen, die anregende Gegenstände und Farben enthält, zugleich aber auch besänftigend wirkt und der Tradition verpflichtet ist.

HUND UND HAHN

Beide Zeichen besitzen Scharfsinn und Feingefühl, aber Sie sollten sich davor hüten, in Ihrer Auswahl zu kritisch zu sein, sonst werden Sie das Gefühl der Befriedigung verlieren. Auf Gestaltung und Stil wird bei dieser Verbindung viel Wert gelegt, aber geben Sie acht, daß Sie nicht zuviel Geld ausgeben.

HUND UND HUND

Die Planung für die Sicherheit und die Bequemlichkeit der Familie spielt bei dieser Kombination eine wichtige Rolle. Vermutlich fühlen Sie sich in einer verläßlichen und vertrauten Atmosphäre wohl und blühen an einem sicheren und geschützten Ort auf.

HUND UND SCHWEIN

Die Elemente Spaß und Farbe passen in dieser Verbindung gut zu etwas Bequemem und Verläßlichem. Um jedoch wirklich etwas aus Ihrem Leben machen zu können, müssen Sie sich sicher und geborgen fühlen.

Schwein

SCHWEIN UND RATTE

Dies ist eine aufregende Kombination, die wahrscheinlich viel Vergnügen in Ihr Leben bringen wird. Es macht Ihnen Spaß, von schönen Dingen umgeben zu sein, und mit der richtigen Portion Einfühlungsvermögen werden Ihnen Ihre Entscheidungen viel Freude bereiten.

SCHWEIN UND OCHSE

Dies ist eine friedliche und freundliche Kombination, obwohl ihr auch das Bedürfnis nach Farbigkeit und Aufregung innewohnt, das Sie nicht übergehen dürfen.

SCHWEIN UND TIGER

Vertrauen und Individualität sind die starken Elemente dieser Kombination. Es ist also wichtig, daß Sie sich durch Ihre Umgebung nicht in die Falle gelockt fühlen. Wir finden hier Freude an luxuriösen, aufwendigen Gestaltungen, aber auch das Bedürfnis nach einem Rückzugsort.

SCHWEIN UND HASE

Zurückgezogenheit und Friede sagen Ihrem Charakter zu, und das bezeichnet eine ruhige und harmonische Kombination. Sie machen es sich gerne daheim behaglich, doch ein paar Farbtupfer oder ein ungewöhnliches Gestaltungselement würden Ihrer Umgebung einen lebendigere Note geben.

SCHWEIN UND DRACHE

Hier locken aufregende Möglichkeiten, obwohl es Ihnen schwerfallen mag, endgültige Entscheidungen über eine Farbzusammenstellung oder ein Möbelstück zu fällen. Spielraum für ungewöhnliche Gestaltungen oder Farbzusammenstellungen ist jedoch reichlich vorhanden.

SCHWEIN UND SCHLANGE

Oberflächlich betrachtet scheint dies keine gute Verbindung zu sein, aber mit der Zeit könnte sie sich als anregend und herausfordernd erweisen. Schön anzusehende Gegenstände werden geschätzt, wobei ein besonderer Sinn für Details vorhanden ist.

SCHWEIN UND PFERD

Dies ist eine leichte und angenehme Kombination, aber es könnte Zeit und Anstrengung kosten, sie auch zu erhalten. Seien Sie nicht überrascht, wenn Sie schon bald ein Bedürfnis nach Veränderung spüren.

SCHWEIN UND ZIEGE

Die beiden Zeichen verbindet Harmonie, und Ihnen gemeinsam ist der Sinn für Schönheit. Sie erfreuen sich an einer friedlichen und kreativen Umgebung, aber halten Sie dabei ein Auge auf Ihre Finanzen gerichtet.

SCHWEIN UND AFFE

Hinter dieser Partnerschaft verbirgt sich ein großartiges Potential. Wenn Sie vorsichtig und ehrlich damit umgehen, wird sie sich als gute Partie voller Feingefühl und Attraktivität erweisen.

SCHWEIN UND HAHN

Diese Partnerschaft verbindet einen Sinn für Stil mit der Einsicht in die praktischen Notwendigkeiten. Wahrscheinlich fühlen Sie sich in einer entspannten und unbeschwerten Atmosphäre am wohlsten.

SCHWEIN UND HUND

Die Elemente Spaß und Farbe passen in dieser Verbindung gut zu etwas Bequemem und Verläßlichem. Um jedoch wirklich etwas aus Ihrem Leben machen zu können, müssen Sie sich sicher und geborgen fühlen.

SCHWEIN UND SCHWEIN

Dies ist ein gut zusammenpassendes Paar, und ihm stehen zahlreiche aufregende Möglichkeiten offen. Sie genießen es, von Gegenständen und Farben umgeben zu sein, die das Leben leichter machen und die ein heller, angenehmer Blickfang sind.

Sechster Ring: Die Kompaßgradeinteilung

Die Kompaßgradeinteilung wird im Feng-Shui zur genauen Lagebestimmung verwendet. Jeder Grad ist einzeln auf dem sechsten Ring markiert, und jeder zehnte wird noch einmal besonders hervorgehoben. Wenn sich das Objekt Ihrer Begutachtung beispielsweise in nordwestlicher Himmelsrichtung befindet, dann entspricht dies dem Element Wasser, Yin, dem Zeichen Schwein und 300 bis 330 Grad. Dies ist eine der glückbringenden Himmelsrichtungen, wenn Ihr Ba-Zi-Kompaß zur Kategorie Westliches Leben gehört. Sie können eine noch exaktere Lagebestimmung vornehmen, wenn Sie ablesen, welchen Grad der Nylonfaden genau markiert.

Wenn Sie sich mit dem Gedanken tragen, mehrere Räume neu auszustatten oder ein Haus zu bauen, dann wäre es hilfreich, sich Notizen darüber zu machen, in welchen Gradbereichen Ihre glück- beziehungsweise unglückbringenden Himmelsrichtungen liegen. Schreiben Sie sich bei jeder neuen Messung die Kompaßgrade auf, damit Sie später auf diese Angaben schnell zurückgreifen können.

Der Ba-Gua-Spiegel

Spiegel werden eingesetzt, um negative Kräfte oder Geister abzuwehren wie zum Beispiel Pech, Verfall oder Krankheit. In vielen Fällen sind sie sehr wirksam, um zu langsames Qi zu beschleunigen, um Qi-Blockaden aufzulösen oder um das Qi zu bremsen, das vielleicht zu schnell durch das Haus oder den Garten fließt. Ein Spiegel kann entweder im Inneren oder außerhalb eines Büros oder Wohnhauses angebracht werden.

Der übliche Platz für einen Ba-Gua-Spiegel ist über der Eingangstür, aber er wird auch oft im Flur so angebracht, daß er auf die Haupteingangstür weist, oder aber am oberen Treppenabsatz. Wenn einer der Räume Ihres Hauses auf ein unglückbringendes Merkmal wie eine scharfe Kurve oder eine Lücke zwischen zwei Gebäuden ausgerichtet ist, dann kann an einer gegenüberliegen-

Ein traditioneller Ba-Gua-Spiegel. Der Gott des Nordens ist eine der vielen Gottheiten, von denen man glaubt, daß sie unglückbringende Geister abwehren.

den Wand ein Spiegel befestigt werden, um diese unglückbringenden Kräfte abzuwenden.

Spiegel, die eigens für diesen Zweck gestaltet sind, nennt man Ba-Gua-Spiegel. Normalerweise sind sie klein und rund und haben einen Holzrahmen. Bei der einfachsten Ba-Gua-Variante ist der Rahmen mit den acht Trigrammen geschmückt. Aufwendigere Exemplare zeigen zusätzlich das Bild eines Gottes, der mithilft, schädliche Einflüsse abzuwehren. Bei dem links abgebildeten traditionellen Ba-Gua-Spiegel wurde der Gott des Nordens gewählt, es hätte auch der lebhafte und furchterregende Gott des Krieges sein können.

Die Abfolge der Trigramme um den Ba-Gua-Spiegel dieses *Feng-Shui-Sets* entspricht der Sequenz des Frühen Himmels, der Alternative zur Reihenfolge des Späten Himmels, wie sie beim Shui-Kompaß und beim Ba-Zi-Kompaß dieses Buches verwendet wird. Wir haben die Reihenfolge des Frühen Himmels gewählt, da sie traditionell bei Ba-Gua-Spiegeln üblich ist. Lesen Sie die Trigramme vom Mittelpunkt des Spiegels aus gesehen immer so, daß die äußerste Linie die oberste ist. Sie können den einfachen Ba-Gua-Spiegel, der diesem *Feng-Shui-Set* beigegeben ist, dort anbringen, wo er Ihnen am nützlichsten erscheint und am meisten Glück zu bringen verspricht. (Ba-Gua-Spiegel sind in den meisten größeren asiatischen Lebensmittelgeschäften erhältlich.)

Obwohl der farbenfrohe Ba-Gua-Spiegel natürlich eindrucksvoller aussieht, so ist es möglich, auch gewöhnliche Spiegel zum Abwenden von Unglück einzusetzen. Manche vertreten die Ansicht, daß auch ein Stück Metall Feng-Shui-Anforderungen erfüllt; es könnte sich um einen polierten Wok oder eine andere Pfanne handeln oder um den polierten Boden einer Konservendose oder Blechbüchse.

Im folgenden Kapitel werden Sie detailliert darin beraten, wo Sie Ihren Ba-Gua-Spiegel plazieren können, um nach den Kriterien des Feng-Shui für eine optimale Gestaltung zu sorgen. Sie erhalten auch Vorschläge für den Umgang mit unglückbringenden Merkmalen.

Das Feng-Shui-Lineal

Das Feng-Shui-Lineal wird eingesetzt, um die Höhe von Schreibtischen, Stühlen, Eßtischen und anderen Möbelstücken zu messen oder aber um die äußeren Gestaltungselemente eines Gebäudes beziehungsweise seine Umgebung zu erfassen. Auf dem Lineal können unterschiedliche Begriffsklassen abgelesen werden – manche deuten Glück an, andere weisen auf Verlust oder die Möglichkeit von finanziellen Rückschlägen hin. Das Lineal ist ein traditionelles Werkzeug, das von einem Feng-Shui-Experten eingesetzt wird, um den Kompaßergebnissen eine weitere Dimension hinzuzufügen. Doch ist der Kompaß das wichtigste Instrument, um günstige Ausrichtungen zu ermitteln.

Sie werden festgestellt haben, daß sich entlang der Ränder Ihres Feng-Shui-Kompasses Unterteilungen befinden. Sie entsprechen in vereinfachter Form den Begriffsklassen des traditionellen Feng-Shui-Lineals, wie es unten abgebildet ist.

Die einzelnen Begriffsklassen sind auf dem Etikettenbogen abgedruckt, der Teil dieses Sets ist. Die Begriffsklassen für außen sind in goldfarbenen Buchstaben auf rotem Fond gedruckt und die Begriffsklassen für innen in roten Buchstaben auf goldfarbe-

Ein traditionelles Feng-Shui-Lineal, wie es von Geng-Shui-Meistern benutzt wird. Die chinesischen Schriftzeichen in der Mitte bezeichnen die Begriffsklassen für Messungen innerhalb und außerhalb von Gebäuden.

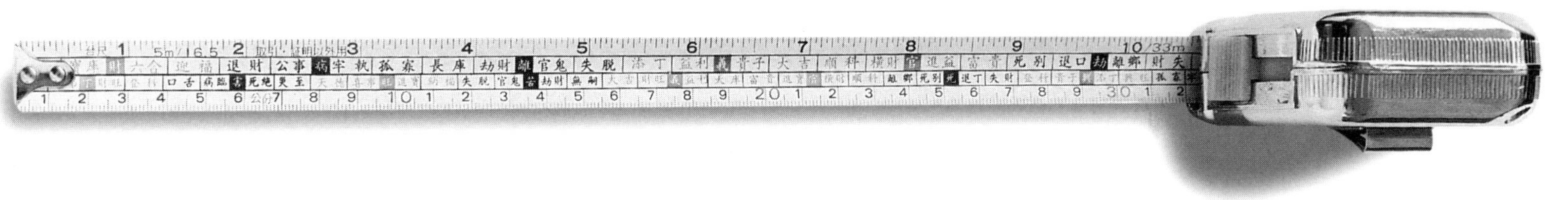

Die Maßeinheiten des Feng-Shui-Lineals

Begriffsklassen für Messungen außerhalb von Gebäuden

1 一 **Reichtum** zeigt wachsende Einkünfte oder einen unverhofften Glücksfall an.

2 二 **Krankheit** weist auf die Möglichkeit von Erkrankungen oder kleineren Infektionen hin.

3 三 **Aufbruch** bedeutet das Verlassen eines Arbeitsplatzes, des Zuhauses oder einer Person.

4 四 **Vernunft** steht für wohlüberlegte Gespräche, Pläne und Handlungen.

5 五 **Vorankommen** stellt Erfolg und Glück am Arbeitsplatz dar.

6 六 **Verlust** heißt, Besitzgegenstände zu verlieren.

7 七 **Schaden** beschreibt die Beschädigung eines Gegenstandes oder die Möglichkeit eines Unfalls.

8 八 **Vermögen** deutet auf erfolgreiche Investitionen und finanzielle Stabilität hin.

Mit dieser Tabelle können Sie die Begriffsklassen ihren entsprechenden Nummern zuordnen. Die Pfeile, die Sie in zwei Ecken des Feng-Shui-Kompasses sehen, bezeichnen die Anfangspunkte der beiden Begriffsklassengruppen.

Begriffsklassen für Messungen innerhalb von Gebäuden

1 一 **Schaden** weist auf die Möglichkeit von kleineren Unfällen oder Krankheiten hin.

2 二 **Gedeihen** zeigt Glück und allgemeines Wohlbefinden an.

3 三 **Bedrängnis** kündigt Ärger und Sorgen in häuslichen oder beruflichen Angelegenheiten an.

4 四 **Vernunft** steht für wohlüberlegte Gespräche, Pläne und Handlungen.

5 五 **Karriere** beschreibt die Möglichkeit einer Beförderung oder des Erfolges am Arbeitsplatz.

6 六 **Trennung** bedeutet, die Verbindung zu einer Person oder einer Gruppe von Menschen zu verlieren.

7 七 **Wachstum** deutet eine Geschäftserweiterung oder Erfolg am Arbeitsplatz oder zu Hause an.

8 八 **Abschied** stellt eine Situation dar, in der man einen Menschen oder einen Ort aus den Augen verliert.

9 九 **Reichtum** weist auf wachsende Einkünfte oder auf einen unverhofften Glücksfall hin.

10 十 **Kinder** stehen für ein fruchtbares und glückliches Familienleben.

nem Fond. Diese Etiketten sollten an den für sie vorgesehenen freien Stellen innerhalb der Unterteilungen angebracht werden.

Die acht Unterteilungen, die Sie auf zwei Seiten des Kompasses sehen, dienen dem Zweck, im Freien zum Beispiel die Höhe von Mauern, Zäunen oder Fenstern zu messen. Sie beginnen mit der Begriffsklasse *Reichtum* und enden mit *Vermögen*; die beiden Seiten müssen so lange immer wieder angelegt werden, bis die zu bemessende Höhe erreicht ist. Sie werden feststellen, daß die Linealmarken auf der zweiten Seite fortgesetzt werden (auf jeder der zwei Seiten befinden sich jeweils vier Unterteilungen). In den meisten Fällen werden Sie die erste Seite anlegen, die bereits gemessene Strecke markieren und dann den Kompaß für die zweite Seite drehen müssen.

Die zehn Unterteilungen auf den beiden anderen Seiten des Kompasses (fünf auf jeder Seite) werden benutzt, um die Höhe von Möbelstücken oder architektonischen Merkmalen im Inneren eines Hauses zu messen. Sie beginnen mit der Begriffsklasse *Schaden* und enden mit *Kinder*; die beiden Seiten müssen so lange immer wieder angelegt werden, bis die zu bemessende Höhe erreicht ist.

Nachdem Sie Ihr Objekt abgemessen haben, können Sie anhand der Tabelle auf der linken Seite ablesen, was Ihr Ergebnis genau besagt. Die Deutungen für die Meßergebnisse zeigen, ob Sie Glück zu erwarten haben oder sich auf Unglück zu Hause oder am Arbeitsplatz gefaßt machen müssen. Jede Messung, die Sie vornehmen, sollte darüber hinaus in bezug auf Ihre besondere persönliche Situation gedeutet werden.

Voneinander abweichende Ergebnisse

Wenn Sie mit dem Feng-Shui-Kompaß oder dem Feng-Shui-Lineal Messungen für ein Gebäude oder ein Zimmer oder ein Objekt vornehmen, das Sie mit einer anderen Person oder mit einer Gruppe von Menschen teilen, dann werden Sie mehrere Messungen, eine für jede beteiligte Person, durchführen müssen. Wenn Sie dabei sowohl glück- als auch unglückbringende Aspekte feststellen, dann können Sie einfach einen neuen Standort für die Objekte wählen. Da dies jedoch nicht immer möglich ist, können Sie auch Abhilfe schaffen, indem Sie Farben oder Gegenstände heranziehen, die die ungünstige Prognose mildern (siehe Seite 44).

Eine Lampe oder eine spezielle Wandbeleuchtung, ein Baum oder eine Blumenvase könnte die zusätzliche Dimension einbringen, nach der Sie suchen, und den Fluß des Qi verbessern. Die Richtlinien in den folgenden Kapiteln werden Sie bei der Planung und äußeren wie inneren Gestaltung Ihrer Räumlichkeiten unterstützen.

VIERTES KAPITEL

Feng-Shui zu Hause

Gesundheit

Ihr Feng-Shui-Kompaß, -Lineal und Ba-Gua-Spiegel können im Inneren und außerhalb eines Hauses ganz unkompliziert angewendet werden. Es ist möglich, den Kompaß dafür zu benutzen, um die Ausrichtungen Ihres Hauses, einzelner Räume oder innerhalb der Räume zu bestimmen. Das Lineal dient Ihnen, um die Höhe von Möbelstücken, Fenstern, Türen, Zäunen oder anderen Merkmalen zu messen, und der Ba-Gua-Spiegel verbessert dort, wo Sie ihn innerhalb oder außerhalb Ihres Hauses aufhängen, Ihre Feng-Shui-Ergebnisse. Um aber das Feng-Shui-Potential Ihres Heims voll ausnutzen zu können, müssen Sie auch mit den allgemeinen Prinzipien vertraut sein, die sich auf den Fluß von Qi und die Anordnung von Mobiliar, Gebäuden und anderen architektonischen Bestandteilen beziehen. Dieses Kapitel führt Sie in die Feng-Shui-Prinzipien ein, die für den Standort eines Hauses, seine Proportionen und Inneneinrichtung gelten. Denken Sie daran, daß Sie den Feng-Shui-Kompaß auch dazu nutzen können, um *persönliche* Deutungen für beliebige Gegenstände in Ihrer Umgebung zu ermitteln.

Die vier Tier-Geister

Die Tiere und Energien, die in Landschaftsformationen wirken, sind für die Geomantie des Hauses genauso bedeutsam. Die Lage von Haus und Garten in Beziehung zu Bäumen, Wasser, Bodenqualität und Licht wie zu benachbarten Gebäuden kann die

Gesundheit und das Wohlbefinden der Menschen, die dort leben, beeinflussen.

Die Chinesen sagen, daß die Grenzlinien eines Hauses von vier Tier-Geistern gekennzeichnet und geschützt werden. Diese vier Tier-Geister werden von der Schwarzen Schildkröte, dem Roten Vogel, dem Weißen Tiger und dem Grünen Drachen dargestellt.

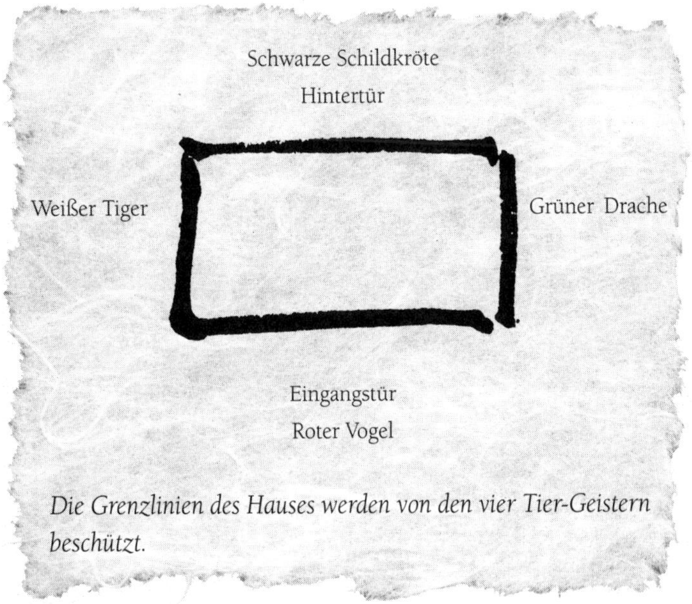

Die Grenzlinien des Hauses werden von den vier Tier-Geistern beschützt.

Diese vier Wesen symbolisieren nicht nur das Tierreich, sondern auch die vier Himmelsrichtungen und die vier Jahreszeiten. Ihr Zusammenspiel bezeichnet die Lage eines klassischen Feng-Shui-Bauplatzes in der Landschaft. Die Schwarze Schildkröte wird in höher gelegenen Bereichen gesehen, und sie ist die Beschützerin vor rauhem Wetter. Der Grüne Drache und der Weiße Tiger stehen für etwas niedrigere Hügel und Hänge, und sie sind die Beschützer des Bauplatzes. Im Idealfall sollte der Drache ein wenig höher aufragen als der Tiger, um dieses hungrige Tier in Schach zu halten. Der Rote Vogel, der in den niedrigsten Hügeln oder Landschaftserhebungen erblickt wird, befindet sich im Idealfall vor dem Haus und gestattet gutem Qi, über seinen Rücken zu fließen und sich sanft mit dem vorhandenen Qi des Bauplatzes zu verbinden.

Ihr Zuhause und seine Umgebung

Bei allen Bauarbeiten sollte die Natur dieser Tier-Geister berücksichtigt werden. Vom Grünen Drachen und Weißen Tiger glaubt man, daß sie das Haus beschützen, und sie sollten ausgeglichen

Die vier Tier-Geister markieren einen klassischen Feng-Shui-Bauplatz in der Landschaft.

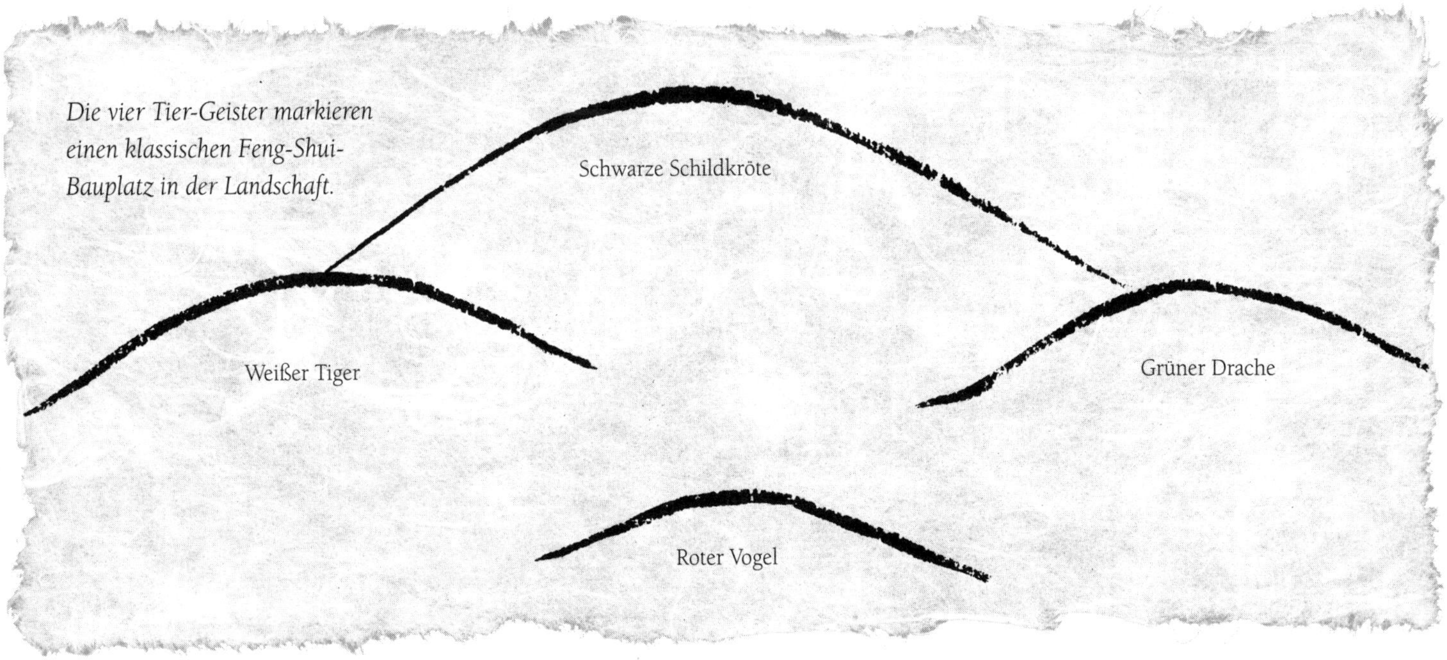

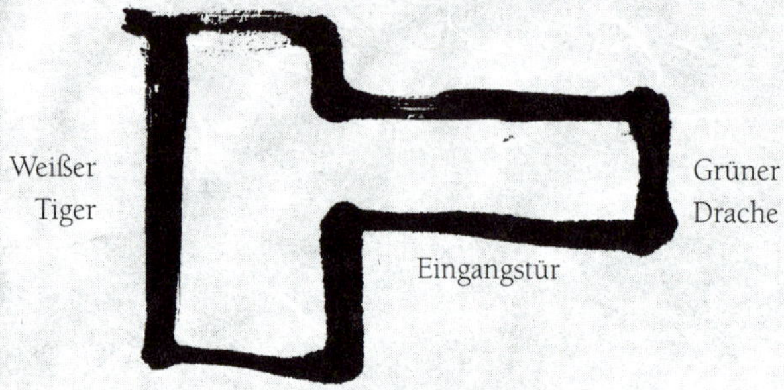

Erweiterungen oder zusätzliche Bodenplatten auf der Seite des Weißen Tigers bringen das Gebäude ins Ungleichgewicht. Dies hat zur Folge, daß der Weiße Tiger den Grünen Drachen »verschlingt«, was die Gesundheit der Bewohner beeinträchtigen könnte.

Die Küche, das Schlafzimmer und das Wohnzimmer sollten sich im »Fußknöchel« dieses schuhähnlichen Hauses befinden. Eine Lampe, ein Teich oder Baum im Garten würde einen gewissen Ausgleich schaffen, und Bäume oder andere Pflanzen könnten den Druck, der auf der »Ferse« lastet, mildern.

Dreieckige Gründstücke bringen im allgemeinen Unglück, es sei denn, es handelt sich um Reihenhäuser. Ein langes, schmales Haus auf einem solchen Grundstück könnte häusliche oder gesundheitliche Schwierigkeiten verursachen.

Ein großer rückwärtiger Garten dient dem Haus als Stütze und Schutz. Quadratische oder rechteckige Grundstücke eignen sich gut als Feng-Shui-Bauplätze.

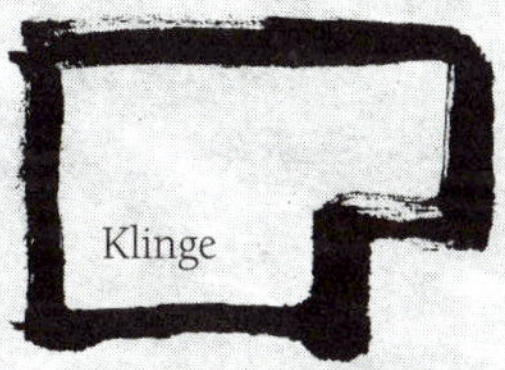

Wenn das Haus wie ein Messer geformt ist, dann liegt die Stärke im »Griff« und die Schwäche in der »Klinge«. Alle wichtigen Räume sollten sich im »Griff« befinden.

Dieses Haus ist durch die Hinzufügung eines Baums bzw. Teiches ausgeglichen, da alle Teile zusammen ein Rechteck formen.

Ihr Haus sollte auf jeden Fall so hoch wie die Nachbarhäuser sein, und die hinteren Häuser sollten etwas höher aufragen als die übrigen, um Schutz zu bieten.

Um ein harmonisches Fließen von Qi zu gewährleisten, darf Ihr Haus an keiner Seite von höheren Gebäuden eingeklemmt sein.

sein. Die Abstimmung beider Hausseiten gelingt, wenn sich ihre Proportionen entsprechen. Wenn Bodenplatten oder Anbauten eine Seite sehr viel größer machen als die andere, dann gewinnt ein Tier möglicherweise die Oberhand und gerät außer Kontrolle, was wiederum die Gesundheit der Bewohner beeinträchtigen könnte.

Wenn Sie in einem Reihenhaus, in einer Doppelhaushälfte oder in einem Apartment wohnen, dann gelten für das Gesamtgebäude die gleichen Regeln. Es sollte aufgrund seiner Struktur Ausgeglichenheit und Geschlossenheit ausstrahlen – keine Seite oder Ecke des Wohnblocks darf architektonisch überbewertet sein oder die Ausgewogenheit der Proportionen stören. Ein Gebäude muß nicht immer vollkommen symmetrisch sein, doch ein Sinn für Ebenmaß und das richtige Verhältnis zur Umgebung müssen gewahrt bleiben. Außerdem sollte die Breite eines Hauses immer größer sein als die Tiefe, um Stabilität zu fördern. Es heißt, daß lange, schmale Häuser Depressionen und Atembeschwerden hervorrufen. Man sagt auch, daß Gebäude oder Wohnungen mit Erkerfenstern und Bögen links und rechts des Eingangs genauso wie breite Häuser den Bewohnern Wohlstand und Anerkennung bringen.

So wie die Schwarze Schildkröte den Roten Vogel etwas überragen sollte, so liegt der rückwärtige Garten idealerweise etwas höher als der Vorgarten. Wenn Sie nur ein kleines Grundstück hinter dem Haus besitzen, dann wäre es gut, wenn es eben wäre, damit das Qi nicht zu schnell auf das Gebäude zurollt. Auch sollte der hintere Garten größer sein als der vordere, um den Bewohnern Schutz und Unterstützung zu bieten. Die chinesische Geomantie warnt vor Vorgärten, die von der Eingangstür aus gesehen ansteigen, da dies zu familiären Streitigkeiten und finanziellen Verlusten führen könnte.

Die ideale Bauplatzform ist ein quadratisches Stück Land, die ungünstigste Form wäre ein dreieckiges Grundstück. Ist Ihr Haus ursprünglich auf einem quadratischen oder länglichen Bauplatz errichtet worden, von dem jedoch ein Teil abgetrennt, überflutet oder zu Bauzwecken genutzt wurde, dann wäre es am besten, das verlorene Land zurückzugewinnen oder aber die übrigen Seiten oder Ecken dem jetzigen Zustand anzugleichen. Feng-Shui lehrt, daß schwache Grundstücksecken oder -seiten Gesundheitspro-

Die Flügel dieses Hauses erdrücken den Eingang und begrenzen den Qi-Fluß. Bäume oder Lichtquellen ziehen Qi in das Haus, und auch ein überdachter Hauseingang, eine Wand oder ein Tor würde die Gestalt des Hauses regulieren.

Pflanzen Sie Bäume nicht direkt vor den Eingang; sie besitzen eine starke Yin-Natur und machen es Yang schwer, nach innen zu gelangen.

Bäume sind eine reiche Qi-Quelle und bilden eine schützende Barriere zwischen einem Haus und einer Hauptverkehrsstraße.

bleme herbeiführen können, die von Magenbeschwerden und Erkältungen bis hin zu vermehrten häuslichen Unfällen reichen. Gebäude mit herausragenden Anbauten oder ungewöhnlichen Grundrissen werden oft mit Gegenständen wie Schuhen oder Messern verglichen, und im allgemeinen kann ihre Proportion mit einfachen Ergänzungen in Form von Lampen, Spiegeln oder Bäumen wieder in Ordnung gebracht werden. Grundsätzlich ist es immer besser, scharfe Ecken und herausragende Kanten abzurunden, um so den Qi-Fluß zu begünstigen.

Um ein frei zirkulierendes Qi und ein ausgeglichenes Verhältnis von Yin und Yang zu gewährleisten, sollten Sie Grundstücke, auf denen Wasser steht, oder schadstoffbelasteten Boden meiden. Diese Regel basiert auf der praktischen Erwägung, daß der Zustand solcher Bauplätze möglicherweise Krankheiten, Feuchtigkeit oder andere Probleme verursacht. Der ideale Boden ist gut belüftet und weder zu naß noch zu trocken.

In Siedlungsgebieten sollten die Gebäude planvoll errichtet werden, denn sonst könnte der Fluß von Qi zu leicht zerstreut oder durch ungeordnete Bebauung blockiert werden. Ein solcher Gesamtplan muß nicht streng reglementiert sein, aber er sollte sicherstellen, daß die einzelnen Gebäude nicht aufs Geratewohl und mit unterschiedlicher Stockwerkanzahl errichtet werden.

Aus praktischen Gründen ist es unklug, Bäume zu nah neben Häuser zu pflanzen. Solche mit tiefgehenden Wurzeln könnten die Fundamente untergraben, hochgewachsene Bäume blockieren meist das hereinkommende Licht. Bäume sollten auch nicht direkt vor den Haupteingang gepflanzt werden, da sie eine starke Yin-Quelle sind und Yang hindern, in der richtigen Menge in das Haus zu gelangen. Wenn sie jedoch auf positive Feng-Shui-Positionen gesetzt werden, dann bieten sie guten Schutz gegen schädliche Kräfte. Bäume bewahren das Umweltgleichgewicht, und ihr gesundes Wachstum ist ein Anzeichen für reiches Qi im Erdboden. Deshalb sollten sie gepflanzt werden, wenn genug Platz vorhanden ist. Sie dürfen jedoch, wie gesagt, nicht zu dicht an einem Gebäude stehen. Befindet sich Ihr Haus an einer stark befahrenen Straße, dann sollten Sie eine Baumreihe setzen, um es vor Lärm und Abgasen zu schützen. Achten Sie jedoch darauf, daß diese Bäume nicht höher werden als das Gebäude selbst, da sie sonst zuviel Licht fortnehmen und ihre Yin-Natur zu überwältigend sein könnte.

Auch Wasser ist eine starke Yin-Quelle. Befindet sich in Ihrem Garten ein Teich, ein Wasserbecken oder ein Bach, dann setzen Sie Magnolien oder Osmanthus (Farn) in die Nähe, um das Gleichgewicht zwischen Yin und Yang wiederherzustellen. Vermeiden Sie in einem solchen Fall Ficus bengalensis (Banyan) oder Azaleen, die den Yin-Einfluß nur verstärken würden. Es heißt, daß Wasser Geld anzieht, und auch gutes Qi kann von entfernteren Gewässern herbeigeholt werden, indem man einen Ba-Gua-Spiegel an der Hauswand befestigt. Fließt ein Bach jedoch zu schnell und schneidet einen Teil des Grundstücks ab, so könnte dies Ihre Finanzkraft schwächen. Daher ist es ratsam, den Bachlauf zu ändern oder seine Fließgeschwindigkeit mit Pflanzen oder Felsen zu bremsen.

Ein gut plazierter und belüfteter Teich deutet auf die Möglichkeit eines unverhofften Glücksfalls hin. Der beste Platz für einen Gartenteich ist vor dem Haupteingang des Hauses, obwohl er diesem auch nicht zu nahe kommen darf, da dies Unfälle her-

Ein schnellfließender Bach kann Geld fortschwemmen, wenn er nicht von Felsen und Pflanzen gebremst wird.

Ein Spiegel an der Hauswand oder im Windfang kann Glück von enfernter gelegenen Gewässern anziehen.

Zu einem nahe am Haus gelegenen Teich sollte ein gewundener Pfad führen, um die Entfernung größer erscheinen zu lassen.

Schachtdeckel sollten unter Blumenkübeln, die mit Kräutern, Blumen oder Büschen bepflanzt sind, verborgen werden, um den Qi-Fluß anzuregen.

Qi geht schnell auf weiten Auffahrten verloren, insbesondere wenn das Haus auf einer Hügelspitze liegt. Lampen am Eingang helfen, den Qi-Fluß zu kontrollieren.

Rechts. Eine Außenbeleuchtung wird mit einem Wachtposten verglichen, der das Haus beschützt. Im Idealfall sollte die Auffahrt in Windungen zum Haus führen, um das Heranziehen und das Abfließen von wohltuenden oder schädlichen Energien zu kontrollieren.

beiführen und zuviel Yin ins Haus leiten könnte. Befindet sich der Teich in zu großer Nähe bei dem Gebäude, dann vermittelt ein gewundener Pfad, der zu ihm führt, den Eindruck größerer Entfernung. Handelt es sich um ein Schwimmbecken, so ist es weiter in das Grundstück zurückzusetzen, da es eine große Menge Yin enthält. Es darf auch nicht größer sein als das Haus selbst. Das Wasser in einem Teich oder Wasserbecken muß immer saubergehalten werden, um einen gesunden Qi-Fluß an der Oberfläche zu ermöglichen. Verfaulende Pflanzen ziehen Sha an die Wasseroberfläche und bringen Krankheit und Unglück mit sich.

Die gleiche Regel gilt auch für Abwasserkanäle. Kanäle sollten eine Abdeckung haben, durch die das Wasser gefiltert wird und die die Verstopfung durch Erde oder Laub verhindert. Der Qi-Fluß wird durch Abwasserkanäle aus dem Gleichgewicht gebracht, daher ist es günstig, Pflanzenkübel über die Abdeckung zu stellen. Damit verschönert man nicht nur den Anblick, sondern wirkt auch dem aus dem Abwasser aufsteigenden Sha entgegen.

Die Auffahrt bietet eine der vielen Möglichkeiten, wie Qi von der Straße in den Garten gelangt. Liegt Ihr Haus oder Ihre Wohnung auf einem Hügel, dann könnten das Glück und vor allem Geld zu schnell aus dem Gebäude abfließen. Ein Teich oder eine gewundene Auffahrt vermögen diesen Prozeß zu verlangsamen. Im Idealfall führt die Auffahrt in einem weiten Schwung zur Hausseite und blockiert den direkten Zugang von der Straße zur Eingangstür. Eine Lampe vor dem Haus oder an der Auffahrt fördert positives Qi, das seinerseits ein Leben in Gesundheit und die Karriere unterstützt. Die Auffahrt sollte im Verhältnis zum Haus weder zu breit noch zu schmal sein. Qi muß sich durch schmale Eingänge hindurchzwängen und passiert zu rasch weite Öffnungen. Ihr eigenes Qi und das Ihres Hauses können durch diesen Fluß entweder abgezogen oder von ihm überwältigt werden. Ist ausreichend Platz vorhanden, dann empfiehlt sich eine Auffahrt, die zum Haus hin schmäler wird.

Die Eingangstür

Wenn Sie gute Feng-Shui-Ergebnisse für Ihr Haus und seine Umgebung erhalten haben, heißt dies nicht, daß Sie auch innerhalb Ihres Zuhauses automatisch gute Resultate erzielen werden. Nachdem das Qi erst einmal in das Innere eines Hauses gelangt ist, trifft es auf Gänge, Türen, Fenster, Möbel und allgemeine Haushaltsgegenstände. Qi zirkuliert im gesamten Haus, fließt Treppen hinauf und hinunter, von Raum zu Raum und umkreist Gegenstände. Manchmal geht Qi durch Fenster und Türen verloren, aber andererseits wird es auch wieder von Pflanzen und Blumen erzeugt. Wo immer Qi ist und was immer es tut, man geht davon aus, daß es die Beziehungen innerhalb der Familie, Gesundheit und Sexualität beeinflußt. Daher ist sein ungestörtes Fließen durch unser Heim für unser allgemeines Wohlbefinden von besonderer Wichtigkeit.

Die Plazierung der Vorder- oder Haupteingangstür des Hauses ist in jedem Gebäude ein entscheidender Faktor, da es sich hierbei zugleich auch um den Hauptzugang für Qi handelt, um die Stelle, wo glückbringende Einflüsse oder negative Kräfte eindringen. Sie ist die Beschützerin des Hauses wie auch die wichtigste Verbindungsstelle zwischen Heim und Außenwelt. Sie können mit dem Feng-Shui-Kompaß prüfen, wo Ihre Haupteingangstür am besten plaziert sein sollte. Außer Sie planen gerade einen Neubau, ist es im allgemeinen natürlich kompliziert und teuer, die Vordertür wegen eines schlechten Feng-Shui-Ergebnisses zu versetzen. Sie können jedoch anhand folgender Richtlinien einen Ausgleich schaffen.

Die Eingangstür sollte senkrecht stehen, gut eingehängt und leicht zu öffnen und zu schließen sein. Wenn die Türangeln reiben oder klemmen oder wenn die Tür bei jeder Benutzung quietscht und knarrt, dann stört dies sowohl die Harmonie des Hauses als auch Ihr eigenes Gleichgewicht. Die Proportionen der Tür und des Hauses sollten zueinander passen. Eine zu große Tür erdrückt das Gebäude und könnte zu finanziellen Schwierigkeiten führen, wohingegen eine zu kleine Tür Familienzwistigkeiten schürt. Auch der Rahmen sollte gerade und frei von Feucht- oder Trockenfäule sein. Gutes Qi kann zusätzlich durch ein oder mehrere Lampen, die an der Außenwand oder neben der Tür befestigt sind, ins Haus geleitet werden. Eine Laterne sollte sich allerdings niemals direkt vor der Eingangstür befinden, da sie sonst den Qi-Fluß behindert. Freistehende Laternen im Garten werden mit Wächtern verglichen, die das Haus, seine Bewohner und Besucher beschützen. Falls Sie an Ihrem Haus eine Außenbeleuchtung haben, dann ersetzen Sie durchgebrannte Glühbirnen umgehend, insbesondere wenn es sich um Lampenpaare handelt, denn sie sind ein böses Omen.

Eine Eingangstür sollte sich zu einem hellen Raum hin öffnen, um das klaustrophobische oder erdrückende Gefühl zu vermeiden, das sich beim Betreten eines dunklen, überfrachteten Bereichs einstellt. Qi braucht Platz, um atmen und sich ausbreiten zu können, und es verfängt sich leicht in einer zu kleinen Diele oder in einem überfüllten Windfang. Wenn Sie lediglich einen kleinen, schlecht belüfteten Flur besitzen, können Sie Abhilfe schaffen, indem Sie einen Spiegel oder eine Lampe an der Wand befestigen und eine Grünpflanze in eine Ecke stellen. Zugluft innerhalb eines Gebäudes kann Qi ebenfalls schwächen und verursacht schlechte Gesundheit und schlechte Laune. Überprüfen Sie also, ob zwischen Tür und Rahmen und unter der Tür keine Spalten klaffen.

Nachdem Sie die Eingangstür geöffnet haben, müssen Sie vielleicht eine zweite Tür öffnen, um in die Diele zu gelangen. Diese innere Tür kann den geregelten Fluß von Qi unterstützen, aber achten Sie darauf, daß nicht zuviel Qi in das Haus gelangt, wenn Sie Türen öffnen, die direkt hintereinanderliegen. Glockenspiele über dem Eingang beruhigen das Qi, und nach der Überlieferung sind sie auch in der Lage, schädliche Geister von der Schwelle zu vertreiben. Öffnet sich die Eingangstür direkt in Ihr Wohnzimmer, dann könnte ein Wandschirm in der Nähe der Tür verhindern, daß Qi unkontrolliert hineinfließt.

Die Eingangstür eines Hauses oder einer Wohnung sollte niemals der Ecke eines anderen Gebäudes direkt gegenüberliegen. Es heißt, daß eine solche Ecke wie ein zustechender Dolch ist und finanzielle Verluste und Krankheit mit sich bringt. Ein Gebäude am Knie eines Flusses empfindet man ebenfalls als unglückbringend, da der Flußlauf mit einer in das Haus schneidenden Klinge gleichgesetzt wird. Darüber hinaus werden Grundstücke an Flüssen mit Gelenkentzündungen und Grippeerkrankungen in Verbindung gebracht, was etwas mit der feuchten Luft zu tun haben mag, die in Flußniederungen aufsteigt. Eine Eingangstür, die auf eine Sackgasse führt, wird auf stehendes Qi treffen, das sich in den Ecken angesammelt hat; dies könnte zu häuslichen Streitereien führen, da Sha, das sich an solchen Stellen ansammelt, immer

Ein Windspiel über oder bei einer Tür vertreibt die unglückbringenden Geister, und das Licht einer Lampe unterstützt das lebenspendende Qi.

Ein kleiner dunkler Eingangsbereich kann durch Anbringen eines Spiegels oder einer großen Blattpflanze aufgewertet werden.

Wenn der Vordereingang Ihres Hauses einer Gebäudelücke gegenüberliegt, dann könnte durch sie Geld verlorengehen.

Die scharfe Kurve einer Straße, ein Bahngleis oder eine Brücke wird mit einem Messer verglichen, das in das Anwesen, das an der Außenseite der Kurve liegt, hineinsticht.

Die Kräfte, die diese messerähnliche lange Straße hinuntergeleitet werden, erdrücken ein Haus, das an ihrem Ende liegt. Ein Spiegel am Eingang wird schädliche Einflüsse zerstreuen.

Die Qi-Kraft, die entlang beider Wege dieser Gabelung auf das Haus zukommt, könnte erdrückend sein und die Gesundheit der Bewohner ungünstig beeinflussen. Der hier stets vor Augen geführte Zwang, sich für eine Richtung entscheiden zu müssen, wird vielleicht auch zu Verwirrung führen.

wieder passiert werden muß. Befindet sich Ihr Haus an einem ungünstigen Platz, so werden Ba-Gua- oder gewöhnliche Spiegel Ihnen helfen, unglückbringende Einflüsse abzuwehren.

Ihre Eingangstür sollte nicht auf einen schmalen Spalt zwischen zwei Gebäuden zeigen – ein solcher Spalt wird mit dem fehlenden Stück in einer Torte verglichen. Einnahmen und Ersparnisse könnten durch diese Lücke verschwinden, wenn sie nicht durch einen Zaun, eine Mauer oder eine Baumreihe geschlossen wird. Jedoch muß auch eine Barriere, die Ihrem Schutz dient, mindestens zwei Meter weit vom Haus entfernt sein, denn sonst wird Qi auf zu kleinem Raum eingeschlossen und wirkt in unmittelbarer Nähe der Mauer erdrückend. In manchen Fällen mögen Baubestimmungen nicht den nötigen Spielraum vor der Eingangstür erlauben. Wenn Sie also eine Mauer oder einen Zaun dicht an Ihrem Haus haben, dann hängen Sie Spiegel an Ihrer Außenmauer auf, bepflanzen Sie den Zaun mit Efeu, oder befestigen Sie Jalousien an allen der Mauer zugewandten Fenstern.

In der chinesischen Geomantie wird auch ein Grundstück, das auf eine Weg- oder Straßengabelung mündet, für unglückbringend gehalten. Qi nähert sich auf beiden Bahnen, verbindet sich kraftvoll an der Gabelung und bewegt sich dann auf den Hauseingang zu. Diese Situation kann bei Menschen, die ihr auf Dauer ausgesetzt sind, zu Verwirrung führen. Man sagt, daß es besonders schwerfällt, Entscheidungen zu treffen, wenn man ständig im Angesicht zweier möglicher Richtungen lebt; davon werden schließlich sowohl das Berufs- als auch das Privatleben beeinflußt.

Kirchen, Klöster, Tempel, Leichenhallen und Friedhöfe werden traditionell für unglückbringend gehalten, wenn das Auge ständig auf sie fällt. Man glaubt, daß diese Orte von zahllosen Yin-Wesen belebt sind. Sie gelten als eine Zuflucht für Geister, Seelen und das Unbekannte. Die dort Wohnenden werden beständig an den Tod erinnert. Eine helle Lampe oder ein Windspiel, vor der Eingangstür angebracht, wird lauernde Geister vertreiben, und Rollos an Fenstern, die sich zu solchen Plätzen und Gebäuden öffnen, geben dem Haus einen gewissen Schutz. Im Westen fühlen sich viele Menschen wohl, wenn sie neben einem kirchlichen Gebäude wohnen. Manche jedoch spüren ein gewisses Unbehagen, wenn sie in unmittelbarer Nachbarschaft eines Friedhofs leben.

Wohnen Sie in einer ländlichen Gegend, dann schenken Sie dem Land hinter und vor Ihrem Haus Beachtung. Ihre Eingangstür sollte nicht auf einen Hügel oder Berg weisen, da die Yang-Geister hier zu stark vertreten sind und Ihnen daher finanzielle Einbußen drohen. Auch sollte das Haus nicht auf einem steilen Hang errichtet sein, da das Qi dort zu schnell hinunterrollt. Andere Häuser oder eine Gruppe von Bäumen und Büschen, die oberhalb Ihres Hauses liegen, könnten dieses schnellfließende Qi bremsen. Ist Ihr Haus jedoch an einem sanften Hang erbaut und blickt Ihre Eingangstür auf einen Hafen oder eine Bucht, so ist dies ein glückbringendes Grundstück, was sich sowohl auf Ihre Finanzen als auch auf Ihr persönliches Wohlergehen günstig auswirken wird.

Innere Gestaltung

Es folgen nun Richtlinien, die Ihnen helfen, bei der Inneneinrichtung Ihres Zuhauses Feng-Shui-Kriterien anzuwenden. Dabei sollten jedoch auch Ihr persönlicher Geschmack und Ihre Vorlieben eingebracht werden. Zudem müssen Sie Farbwirkungen und das harmonische Wechselspiel von Yin und Yang berücksichtigen, die auf die Gestaltung eines Raums und auf Ihr Wohlbefinden Einfluß nehmen.

Wenn Sie in Ihrem Zuhause mit Ihrem Feng-Shui-Kompaß auf unglückbringende Himmelsrichtungen stoßen, dann gibt es Mittel und Wege, dies mit Hilfe von Farben und Objekten in einem Raum auszugleichen. Wenn Ihr Ba-Zi-Element Feuer ist, wäre es zum Beispiel möglich, alle Bereiche, für die Sie ein negatives Ergebnis erhalten haben, mit Farben und Gegenständen zu dekorieren, deren zugehöriges Element sich positiv mit Feuer verbindet. In dem genannten Fall verbinden sich sowohl Holz als auch Erde gut mit Feuer, also könnten Sie grüne Farbe verwenden, den Raum mit Blattpflanzen oder hölzernen Gegenständen dekorieren oder aber gelbe, erdige Farbtöne für Anstriche und Stoffe verwenden (siehe Seite 44).

Es ist auch möglich, sich für Fragen der Innendekoration die Gradeinteilungen auf dem sechsten Ring Ihres Feng-Shui-Kompasses zunutze zu machen. Schreiben Sie sich jedesmal, wenn Sie eine Messung vornehmen, die Kompaßgradzahl auf. Damit können Sie unmittelbar im Anschluß feststellen, welches die glückbringenden oder die unglückbringenden Himmelsrichtungen sind, und auf dieser Grundlage die Gestaltung Ihres Hauses planen.

Das Schlafzimmer

Das Schlafzimmer ist einer der drei wichtigsten Räume eines Hauses, die beiden anderen sind die Küche und das Wohnzimmer.

Das Feng-Shui-Ergebnis des Schlafzimmers ist deshalb von besonderer Bedeutung, weil es auch das des ganzen Haushalts beeinflußt und weil die Qualität des Schlafs in diesem Raum Auswirkungen auf Beziehungen und Gesundheit aller Hausbewohner hat. Um eine Feng-Shui-Messung für die Position des Schlafzimmers vorzunehmen, stellt man sich in die Mitte des Hauses und richtet den Kompaß auf den Raum. Um Einzelheiten über die Plazierung des Bettes und anderer Möbelstücke zu erfahren, können Sie im Zimmer selbst eine Messung vornehmen, indem Sie den Kompaß auf jeden Gegenstand richten, den Sie überprüfen wollen.

In China ist das Kopfende des Bettes normalerweise nach Osten ausgerichtet, da die heißeste Seite des Hauses die westliche ist. Diese Tradition hat sich auch auf Feng-Shui übertragen, und diese Ausrichtung wird daher – es sei denn, Ihr Kompaß verlangt etwas anderes – als die glückbringendste für ein Bett angesehen.

Schlaflose Nächte sind vorprogrammiert, wenn das Kopfende des Bettes hinter der geöffneten Schlafzimmertür verschwindet und nur noch das Fußende sichtbar ist; so haben Sie keine Kontrolle darüber, wer oder was das Schlafzimmer betritt. Die Schlafzimmertür sollte sich auch nicht direkt zum Bett hin öffnen, da dies Energie abziehen könnte. Wenn es Ihnen unmöglich ist, das Bett umzustellen, dann schließen Sie die Lücke zwischen Fußende und Tür am besten mit Pflanzen, mit einer niedrigen Truhe oder einem kleinen Regal. Achten Sie darauf, daß die Möbel im Umkreis Ihres Bettes nicht zu groß und sperrig sind, da Sie sich dann möglicherweise bedrängt und überwältigt fühlen. Ihrem Bett gegenüber sollte sich kein Spiegel befinden, da Sie nachts erwachen und über Ihr eigenes Spiegelbild erschrecken könnten. Um Rückenschmerzen und Feuchtigkeit zu vermeiden,

beste Position

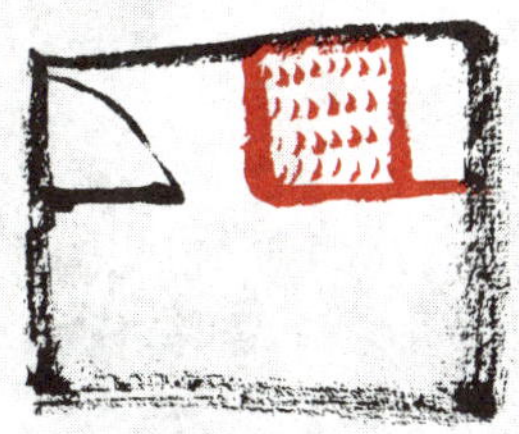

Vermeiden Sie es, Ihr Bett direkt gegenüber der Tür aufzustellen, da dies Schlaflosigkeit und Energieverlust bewirken kann.

Idealerweise sollte sich das Schlafzimmer nicht gegenüber von Bad oder Küche befinden. Ist es jedoch unvermeidlich, dann sorgen Sie dafür, daß zwischen den Räumen die Türen geschlossen oder Trennwände benutzt werden.

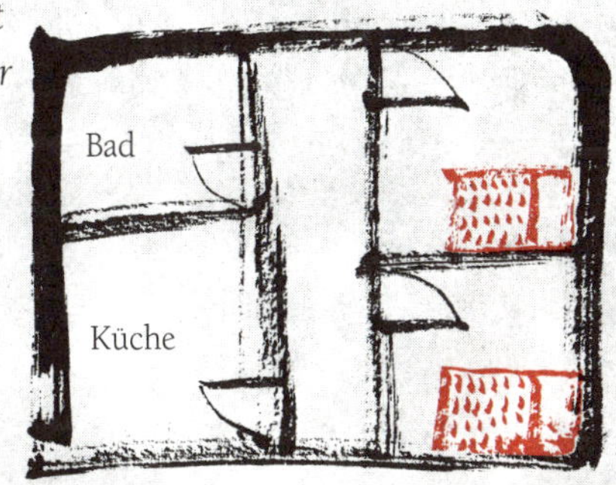

Der von freiliegenden Deckenbalken ausgehende Druck wirkt sich ungünstig auf die Gesundheit der in den Betten darunter Schlafenden aus.

Fenster sollten nicht größer sein als die Haupteingangstür, es sei denn, es handelt sich um Sprossenfenster. Die gleiche Regel gilt auch für die Zimmertür und die Fenster des dazugehörigen Raumes.

Sprossenfenster sorgen dafür, daß das Qi, wenn es durch die Tür strömt, nicht erdrückt wird.

ist es gut, wenn Qi unter dem Bett frei zirkulieren kann. Achten Sie also darauf, daß die Beine des Bettes hoch genug sind und genug Platz lassen.

Sanfte Farben und weiches Licht bringen Ruhe ins Schlafzimmer, während grelles Licht, insbesondere wenn die Lichtquelle direkt über dem Bett befestigt ist, Ruhelosigkeit zur Folge hat. Man sagt, daß grelles Licht über dem Kopfende nicht nur das Augenlicht schädigt, sondern auch zu Leberbeschwerden führt. Sollten die Glühbirnen in irgendeiner Lampe des Schlafzimmers durchbrennen, dann denken Sie daran, sie sofort zu ersetzen.

Im Idealfall ist es besser, wenn das Schlafzimmer sich nicht gegenüber von Küche oder Bad befindet, da Dämpfe und Gerüche den Schlaf beeinträchtigen und Sha aus verstopften Abflüssen oder aus Abfallbehältern das gesunde Qi schwächen könnte. Ist das Schlafzimmer jedoch in unmittelbarer Nähe eines dieser Räume gelegen, dann sollten geschlossene Türen oder Trennwände die beiden voneinander abgrenzen.

Ein im Feng-Shui als unglückbringend angesehenes Merkmal ist ein freiliegender Deckenbalken, der durch die Mitte des Raumes oder direkt über dem Bett verläuft. Man meint, daß der Druck des Hauses auf dem Balken lastet und daß er die freie Zirkulation von Qi in dem Raum behindert. Da man annimmt, daß solche Balken bedrückend wirken, sollte das Bett niemals direkt unter ihnen stehen. Ein Balken über dem Kopfende kann zu Kopfschmerzen oder Nervosität führen, über der Bettmitte bewirkt er möglicherweise Magenbeschwerden und über dem Fußende geschwollene Füße. Die aufwendigste Abhilfe besteht in einem solchen Fall darin, eine Zwischendecke unter dem Balken einzuziehen. Statt dessen können Sie jedoch auch einen Spiegel an ihm befestigen.

Fenster ohne Unterteilung sollten nicht größer sein als die Schlafzimmertür, denn sonst gewinnt das Qi, das durch die Fenster einströmt, die Oberhand über jenes, das durch die Tür ins Zimmer gelangt. Diese Regel ist bedeutungslos, wenn die Fenster Sprossen haben. Idealerweise sollte sich ein Fenster nach außen öffnen, um soviel Qi wie möglich einzulassen, da ein nach innen zu öffnendes Fenster häufig das gute Qi in einem Raum durchschneidet.

Die Küche

Chinesische Küchen werden traditionell mit der östlichen oder südöstlichen Seite eines Hauses in Verbindung gebracht. Der Süden wird mit dem Element Feuer verbunden und der Osten mit dem Element Holz; da man Holz benötigte, um ein Feuer zu entfachen, erhielten diese Himmelsrichtungen eine symbolische Bedeutung. Aber auch praktische Erwägungen verbergen sich hinter dieser Wahl. Da der rauhe Winterwind aus dem Norden kommt, liegt in China der Haupteingang des Hauses traditionell im Süden. Man glaubte, daß es Unglück bringt, wenn die Küche der Eingangstür direkt gegenüberliegt. Also wurde im allgemeinen auf der östlichen Seite des Hauses gekocht, auf die ja auch die

Die östliche und die südöstliche Seite eines Hauses werden traditionell als beste Lage für eine Küche angesehen.

RECHTS: Das Spülbecken sollte sich nicht unmittelbar neben dem Herd befinden, da die Elemente Wasser und Feuer sich nicht gut miteinander verbinden. Nach herkömmlicher Auffassung darf der Herd auch nicht unter einem Fenster stehen.

Die Küche, und insbesondere der Herd, sollte der Vorder- oder Hintertür des Hauses nicht direkt gegenüberliegen, da sonst positives Qi schnell entweicht.

Um einen Zusammenstoß der Elemente Wasser und Feuer zu vermeiden, sollten Sie darauf achten, daß der Kühlschrank nicht neben dem Herd steht.

südöstlichen Winde treffen, die man zum Entzünden der Brennstoffe benötigte.

Die Regel, die Küche mehr zur Hausseite auszurichten, gilt noch heute, und östliche und südöstliche Himmelsrichtungen werden dabei noch immer als die glückbringendsten betrachtet. Die Küche wird als »Schatz« angesehen, da sie der Ort ist, wo die Bewohner des Hauses genährt und versorgt werden. Liegt sie jedoch dem Vorder- oder Hintereingang direkt gegenüber, dann verflüchtigt sich schnell das in ihr zirkulierende gute Qi. Der Kücheneingang sollte sich nicht zur Toilette hin öffnen, da sich Keime sonst leicht verbreiten. Aus dem gleichen Grund darf auch das Abwasser von Bad und Toilette nicht unter dem Küchenboden hindurchgeführt werden. Befindet sich Ihre Küche an einem ungünstigen Platz, dann können Sie durch Wandlampen und Blattpflanzen positives Qi speichern und anregen. Ein Spiegel wendet das Unglück ab, das die Harmonie der Küche stören könnte.

Der Herd ist der wichtigste Teil der Küche und darf nicht neben kalte oder nasse Bereiche gestellt werden, da diese Elemente sich nicht gut miteinander vertragen: Wasser löscht Feuer. Der Herd sollte sich also weder neben der Spüle noch neben dem Kühlschrank befinden. Ist dies jedoch der Fall, dann sollte eine Zwischenwand den direkten Kontakt der Geräte ausschließen. Die Tradition verlangt es auch, daß der Herd nicht in der Nähe von Fenstern steht, da Nahrung an Qualität verliert, wenn sie der Sonne ausgesetzt ist, und der Wind das Herdfeuer ausblasen könnte.

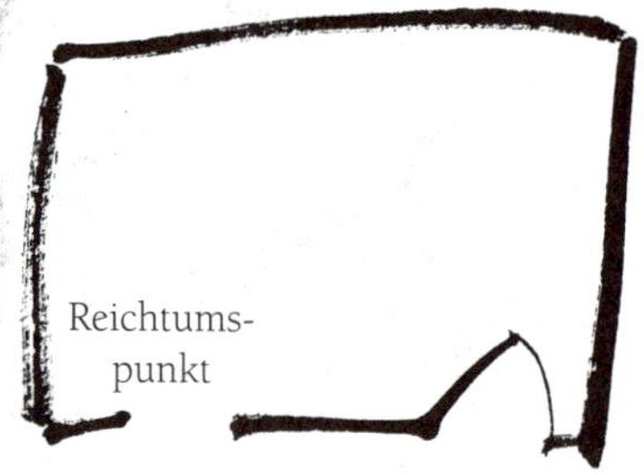

Geld könnte durch eine Tür oder einen Bogen unterhalb des Reichtumspunktes hindurchsickern.

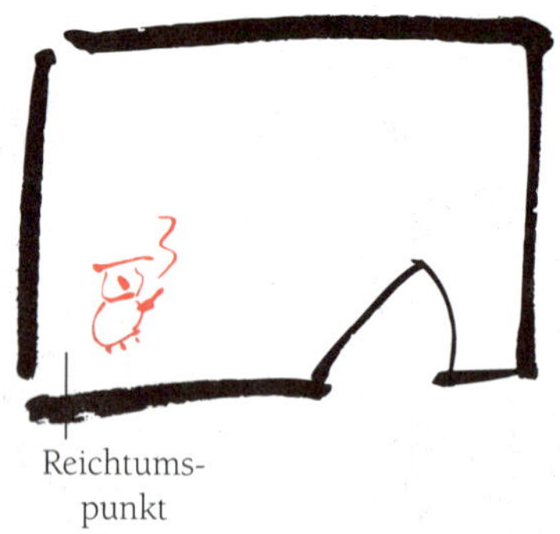

Geld könnte sich im Dampf eines Kessels oder einer Kaffeemaschine, der oder die sich in der Nähe des Reichtumspunktes befindet, verflüchtigen.

Das Wohnzimmer

Das Wohnzimmer ist der Raum, in dem Familienmitglieder und Freunde sich treffen und entspannen. Um ihn leicht erreichen zu können, sollte er am besten im Erdgeschoß liegen. Die Eingangstür eines Hauses kann direkt in das Wohnzimmer führen, wenn es sich um einen kleinen Raum handelt. Ist er jedoch groß, dann besteht die Gefahr, daß zuviel Qi hinein- oder hinausgelangt, und ein Wandschirm, Möbelstück oder eine Blattpflanze sollte neben der Tür stehen, um die Qi-Menge, die in den Raum strömt oder ihn verläßt, zu regulieren.

Wie auch bei anderen Zimmern, so dürfen auch hier Fenster – mit der Ausnahme von Sprossenfenstern – nicht zu groß sein und sollten sich nach außen öffnen. Freiliegende Deckenbalken werden am besten hinter einer Zwischendecke verborgen oder durch einen an ihnen befestigten Spiegel in ihrer negativen Auswirkung beschränkt. Scharfe Ecken oder Kanten, die die Flucht einer Wand unterbrechen, sollten durch eine Pflanze, ein Bild oder einen Wandbehang abgemildert werden. Qi muß sich um die Gegenstände herumbewegen können. Stopfen Sie also Ihren Raum nicht mit Möbelstücken oder Haushaltsgegenständen voll. Führt eine Treppe in Ihr Wohnzimmer hinunter, dann verzichten Sie an ihrem Fuß auf einen Spiegel, damit Sie nicht ins Stolpern geraten, wenn Sie beim Hinuntergehen plötzlich Ihrem Spiegelbild begegnen. Ein Spiegel sollte nur dann dort hängen, wenn er unglückbringenden oder schädlichen Kräften entgegenwirkt, und selbst in diesem Fall darf es sich nur um einen kleinen verzierten Spiegel handeln. Am Fuß einer Kellertreppe ist ein Spiegel jedoch günstig, da er dort Yang in einen Yin-Bereich leitet.

Die Dekoration eines Raums mit Pflanzen und Wasser unterstützt das dort fließende positive Qi. Ein Aquarium mit einer ungeraden Anzahl von Fischen stärkt das Qi und schenkt dem Zimmer eine frische, lebenspendende Qualität. Goldfische sind besonders beliebt, weil ihre Farbe mit Reichtum assoziiert wird. Eine ungerade Zahl zieht man vor, weil sie Yang entspricht, während das Wasser Yin ist, und so ein Gleichgewicht geschaffen wird. Ist Ihr persönliches Ba-Zi-Element Wasser, dann sollten Sie sieben Goldfische halten, um für das Yin Ihres Elements ein Gegengewicht zu schaffen. Alle anderen Feng-Shui-Elemente benötigen mindestens drei Goldfische, um die Harmonie zwischen Yin und Yang herzustellen.

Im Wohnzimmer befindet sich ein Punkt, den man den Reichtumspunkt nennt und der sich vom Eingang aus gesehen in der linken vorderen oberen Ecke befindet. Es heißt, daß eine Blokkade an dieser Stelle oder eine darunter plazierte Tür Ihre Finanzen ernsthaft beeinträchtigen kann. Steht dort ein Warmwasserbereiter oder eine Kaffeemaschine, so werden Dampf und Hitze Ihr Geld langsam auflösen. Befindet sich dort eine Tür, dann wird Ihr Geld durch sie hinausschlüpfen. Es ist hilfreich, an diesem Platz Pflanzen aufzustellen, da sie finanzielles Gedeihen fördern – am besten eignen sich Pflanzen mit großen, runden, grünen Blättern, aus denen alles Abgestorbene sofort entfernt werden muß, um ihren lebenspendenden und fruchtbaren Charakter zu erhalten. Je größer Ihre Pflanze und der Topf, in dem sie sich befindet, desto größer sind Ihre Aussichten auf Glück. Positive Kräfte können dort auch konzentriert werden, indem man drei Münzen in rotes Papier einwickelt und sie unter den Topf legt. Die Münzen symbolisieren Reichtum, und die Farbe Rot steht für Gedeihen und Glück (*siehe unten*).

Farben

Die Farben, die mit Ihrem persönlichen Ba-Zi-Element in Verbindung stehen, finden Sie im dritten Kapitel (siehe Seite 44). Die Eigenschaften, die mit den fünf Hauptfarben assoziiert werden, sind im folgenden aufgelistet. Im allgemeinen sind eine Reihe von Farben notwendig, um Harmonie und ein gemütliches Heim zu schaffen, und Sie werden Ihr eigenes Einfühlungsvermögen benötigen, um ein Gleichgewicht zwischen Farbtönen, Mobiliar und den Menschen, die dort leben, herzustellen.

Rot

Rot wird für eine der vorteilhaftesten Farben gehalten und allgemein mit Glück, Gedeihen und Stärke assoziiert. Kleine Päckchen mit glückbringendem rotem Geld werden Kindern zum chinesischen Neujahrsfest geschenkt. Segnungen schreibt man in der Regel auf rotes und goldenes Papier, und Neugeborenen schenkt man traditionell rotgefärbte Eier.

Grün

Grün steht für Ruhe und Frische. Es ist auch die Farbe des Frühlings und ein Zeichen für neues Leben. Man glaubt, daß Träume günstig sind, wenn in ihnen Grüntöne vorkommen. Die Verbindung von Rot und Grün wird als glückbringend und stärkend empfunden.

Gelb

Gelb war in China die Farbe der Kaiser. Seit dem sechsten Jahrhundert hatten die Kaiser Gelb zu ihrer Farbe gewählt, und mit Ausnahme buddhistischer Mönche durfte niemand sonst gelbe Kleider tragen. Gelb wird mit Ruhm, Fortschritt und Beförderung in Verbindung gebracht und ist eng mit der Erde verknüpft, da fruchtbare Erde in einigen Teilen Chinas eine gelbliche Färbung hat.

Schwarz

Schwarz steht für Ehre, obwohl es auch Dunkelheit anzeigen und unglückliche Ereignisse ankündigen kann. In der chinesischen Oper stellen acht Helden mit geschwärzten Gesichtern ehrenhafte Männer dar. Schwarz war die Farbe, die der erste chinesische Kaiser trug, nachdem er die Zhou-Dynastie besiegt hatte, deren Mitglieder sich rot kleideten. Er wählte diese Farbe, weil sie mit dem Element Wasser verbunden wird und Wasser Feuer löscht, für das Rot steht.

Weiß

Weiß ist die Farbe des Herbstes und das Kennzeichen des Alters. Im Osten gilt Weiß als Farbe der Trauer. Doch trägt man dort zu diesem Zweck traditionell ungebleichtes Sackleinen, dessen Farbe mehr ins Gelbbräunliche spielt. Strahlendes Weiß wird mit Reinheit und Jungfräulichkeit assoziiert.

FÜNFTES KAPITEL

Reichtum

Feng-Shui am Arbeitsplatz

Ihre Arbeitsleistung oder der Erfolg Ihres Unternehmens wird ebensosehr von Standort und Ausgestaltung Ihres Arbeitsplatzes wie von der Leistungsfähigkeit Ihrer Firma und der Dienste, die sie anbietet, bestimmt. Für viele, die überzeugte Feng-Shui-Anhänger sind, kann selbst ein ideal plaziertes Unternehmen nicht florieren, wenn die Inneneinrichtung schlechtes Qi anzieht. Obwohl viele der Feng-Shui-Regeln für den privaten Wohnbereich sich auch auf den Arbeitsplatz beziehen, so gibt es doch auch eine eigene Feng-Shui-Lehre, die sich auf einen gesunden Geldfluß bezieht.

Sie können Ihre mit dem Feng-Shui-Kompaß gewonnenen persönlichen Ergebnisse mit den folgenden Vorschlägen verbinden, um Ihren Arbeitsplatz optimal zu gestalten. Wenn Sie feststellen, daß eine der folgenden Richtlinien im Widerspruch zu Ihren Ergebnissen der persönlichen Analyse steht, dann sollten Sie eine andere glückbringende Himmelsrichtung wählen. Bei der Einrichtung Ihres Arbeitsplatzes ist es empfehlenswert, mit Hilfe des Feng-Shui-Lineals herauszufinden, welche jeweilige Höhe von Schreibtisch, Kasse oder Theke mit den Begriffsklassen »Gedeihen«, »Karriere«, »Wachstum« und »Reichtum« übereinstimmt.

Ein Platz für Aufschwung und Wohlstand

Wenn Sie ein neues Unternehmen gründen wollen, dann sollten Sie das in einer Gegend tun, die sich bereits im wirtschaftlichen

Ein Unternehmen mit einem Eingang, der einer schmalen Gasse zwischen zwei Gebäuden gegenüberliegt, riskiert das Abfließen seiner Einkünfte durch diese Lücke.

Blickt man vom Eingang auf die Ecke eines anderen Gebäudes, so wird diese mit einem Messer verlichen, das in das Unternehmen sticht und die Profite zerteilt.

Aufschwung befindet; Sie können davon ausgehen, daß das Qi des Erfolgs durch diese Gegend fließt. Ihr Betrieb sollte neben den übrigen Firmengebäuden nicht zu klein erscheinen, da Ihr Glück sonst erdrückt und das Qi daran gehindert wird, in das Gebäude hineinzufließen und es zu umkreisen. Sollten die Gebäude auf der Seite des Grünen Drachen höher sein, so wird dies keine nachteiligen Auswirkungen auf Ihr Unternehmen haben, da der Grüne Drache ein lebhafter Geist ist. Ragen die Häuser auf der Seite des Weißen Tigers höher hinauf, dann sollten Sie einen Dachgarten oder ein Wasserbecken anlegen, um das Qi des kleineren Gebäudes zu fördern. Sind die Ihrem Haupteingang gegenüberliegenden Häuser höher, dann wäre es gut, wenn Sie auf Ihrem Dach Stangen mit Wimpeln oder ähnliche Aufbauten errichten würden, um Ihr Gebäude höher zu machen. Sie können dort auch Objekte aus Holz, Metall oder Stein anbringen, die Schwerter symbolisieren; sie dienen als Messer, die das Unglück, das von den höheren Gebäuden herabsinkt, zerschneiden.

Ragen alle umliegenden Häuser höher hinauf als Ihres, dann können Sie auf die bereits erwähnten Methoden zurückgreifen oder aber Spiegel an den Außenwänden anbringen, um die unglückbringenden oder erdrückenden Einflüsse abzuwehren.

Aus bautechnischen Gründen und im Interesse der Gesundheit sollte sich Ihre Firma nicht in Senken oder in der Nähe von Müllkippen befinden. Das äußere Erscheinungsbild des Gebäudes wirkt sich ebenfalls auf sein Gedeihen aus. Der Eingang liegt am besten oberhalb des Straßenniveaus. Fenster und Türen sollten sich in gutem Zustand befinden, und Wege müssen frei von Unkraut und Abfall sein. Befindet sich der Eingang auf derselben Ebene wie die Straße, dann sollten Sie eine kleine Stufe ergänzen und das Fußbodenniveau im Inneren anheben, selbst wenn Sie nur wenige Zentimeter Spielraum haben.

Die Haupteingangstür darf nicht einer Straßengabelung gegenüberliegen, da sonst das Glück fehlgeleitet wird und Schulden sich aufbauen. Es bringt auch Unglück, wenn sich gegenüber dem Eingang eine enge Gasse zwischen zwei Gebäuden befindet, da diese Gasse die Gewinne des Unternehmens abziehen könnte. Wenn Ecken anderer Häuser auf die Eingangsfassade weisen, dann werden sie mit Messern verglichen, die in das Unternehmen stechen und die Gewinne langsam zerschneiden. Um dem abzuhelfen, können Sie einen Spiegel anbringen oder eine Wand vor

Ein Berg oder Hügel, der dem Eingang gegenüberliegt, wirkt erdrückend und hindert das Qi daran, aus dem Gebäude zu fließen.

Die Außenseite einer Kurve, Brücke oder einer Überführung wirkt wie eine Sense, die das Glück des Unternehmens abschneidet.

Das Gelände hinter dem Gebäude sollte nicht zu steil abfallen, da sonst das Qi der erfolgreichen Geschäfte zu schnell davonrollt.

Ein Unternehmen, das von einem »Jadegürtel« geschützt wird, hat gute Erfolgschancen.

Ein idealer Standort für ein Büro- oder Fabrikgebäude in einer ländlichen Gegend: Das Haus wird nach hinten durch einen Hügel geschützt, und der Haupteingang blickt über das Meer und gestattet den positiven Kräften, zuerst durch den Vordereingang ins Innere des Gebäudes zu gelangen.

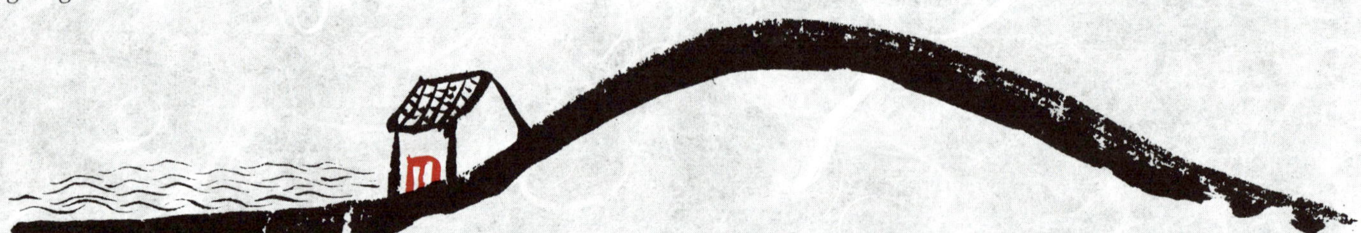

Ein Büroeingang sollte nicht auf eine Sackgasse ausgerichtet sein, da sich in ihr schädliche Geister fangen, die die Umgebung ungünstig beeinflussen.

Freiliegende Abwasserleitungen und andere Rohre an der Vorderfassade eines Gebäudes entziehen dem Unternehmen Geld.

dem Eingang errichten, damit dieser leicht nach einer Seite versetzt und das Unglück von ihm abgehalten wird. Obwohl man Wasser allgemein mit Geld in Zusammenhang bringt, droht ein schnellfließender Bach oder Fluß vor dem Eingang den Erfolg abzuziehen.

Auch die Form des Geländes hinter und vor dem Gebäude ist von Einfluß. Wenn Sie in einer ländlichen Gegend arbeiten, dann wirkt ein Hügel oder Berg vor dem Eingang erdrückend und stellt für den Qi-Fluß, der aus dem Gebäude austritt, ein Hindernis dar. Eine Schutzwand aus Holz oder Stein oder aber eine Baumreihe schaffen hier Abhilfe. Das Land vor dem Gebäude sollte flach oder vorzugsweise leicht abfallend und das hinter ihm ein wenig höher sein. Die Hintertür darf sich nicht zum Meer oder zu einem Tal hin öffnen, da die positiven Kräfte dieser Naturelemente durch den Vordereingang in das Haus gelangen müssen. Eine hölzerne Schutzwand vor der Hintertür wird die positiven Kräfte daran hindern, an dieser ungeeigneten Stelle in das Gebäude zu fließen.

Der Eingangstür Ihres Arbeitsplatzes sollte kein Friedhof und kein kirchliches Gebäude gegenüberliegen, da hier viele ruhelose Geister umherstreifen, die alle Yin sind und daher das Gleichgewicht von Yin und Yang stören. Traditionell hängt man Windspiele auf, um herumirrende Geister zu vertreiben. Überzeugte Anhänger der Feng-Shui-Lehre mauern in einer solchen Situation vielleicht sogar den Eingang zu, um ihn an eine andere Seite des Gebäudes zu verlegen. Die ruhelosen Geister beeinträchtigen jedoch kein Geschäft, das mit Devotionalien oder religiösen Dingen zu tun hat.

Die äußere Kurve einer Straßenbiegung, einer Brücke oder Überführung wird mit einer Sense verglichen, die das Glück abschneidet. Aber ein Arbeitsplatz, der sich an die Innenseite einer Kurve anschmiegt, ist durch den sogenannten Jadegürtel besonders geschützt. (Jadegürtel wurden vom chinesischen Adel getragen, und Jade assoziiert man allgemein mit Unsterblichkeit und Reinheit.) Abwasserkanäle und Rohre, die an der Vorderseite des Gebäudes befestigt sind, sollten abgedeckt werden, da sie Kapital aus dem Unternehmen absaugen. Alle größeren Wasserrohre sollten sich an der Rückseite des Gebäudes befinden, damit auch Regenwasser von der Vorderseite weggeleitet werden kann. Es bringt darüber hinaus Unglück, wenn der Eingang Ihres Büros

LINKS: Die Eingangstür sollte auf der Seite des Grünen Drachen liegen, da dieser für Aktivität steht. Obwohl sich der Weiße Tiger normalerweise ruhig verhält, kann er im ungünstigen Fall die Leistungsfähigkeit eines Unternehmens zerstören.

RECHTS: Wenn sich der Haupteingang zu einem Büro- oder Fabrikgebäude über die gesamte Vorderfront zieht, sollte der Hauptzugang auf der Seite des Grünen Drachen liegen.

Die Eingangstür darf sich nicht direkt zu einem Treppenlauf öffnen, da Qi sonst leicht durch die vielbenutzte Tür ins Freie flieht.

Die Küche sollte vom Haupteingang nicht sichtbar sein, es sei denn, das Unternehmen hat etwas mit Bewirtung zu tun. Küchenlärm und -aktivitäten wirken im allgemeinen erdrückend auf den Besucher.

Die Eingangstür sollte nicht der Toilette gegenüberliegen, da sonst die Yin-Geister mit den durch die Vordertür in das Gebäude gelangten Yang-Geistern in Widerstreit geraten.

auf eine Sackgasse mündet. Schädliche Geister werden hier eingefangen und üben ihren ungünstigen Einfluß auf das umliegende Gelände aus. Ein gut plazierter Spiegel oder ein Windspiel kann dieses Unglück abwenden.

Wie in einem Wohnhaus, so ist auch bei einem Firmengebäude die Vordertür der Haupteingang für Qi, da aber das Arbeiten stärker mit der Außenwelt verbunden ist, sollte der Eingang höher und breiter sein als in einem Wohnhaus. Eine geräumige und gut geschmückte Eingangshalle hat zudem einladenden Charakter; sie heißt nicht nur Passanten willkommen, sondern zieht auch das Qi des Geschäftsglücks an. Der Kunde sollte sich nicht durch begrenzten Raum eingeengt fühlen, nachdem er durch die Tür getreten ist. Der Druck, den ein enger Raum beim ersten Eintreten erzeugt, steht dem Aufbau einer positiven Atmosphäre im Wege, was auf weitere Geschäftsverhandlungen abfärben könnte. Die Zimmertüren müssen kleiner sein als die Eingangstür, damit sie die hereinströmende Energie nicht erdrücken. Es heißt, daß die gute Atmosphäre, die ein Laden ausstrahlt, Kunden sogar dann anzieht, wenn sie gar nicht wissen, ob sie dort die Waren bekommen, die sie brauchen oder die ihnen gefallen.

Die Vordertür ist am besten auf der Seite des Grünen Drachen, also von vorne gesehen rechts, plaziert. Auch wenn sich der Eingangsbereich über die ganze Länge des Gebäudes erstreckt, sollte der Hauptzugangspunkt dennoch rechter Hand sein, da der Grüne Drache Aktivität symbolisiert. Der Weiße Tiger auf der linken Seite des Gebäudes ruht im allgemeinen. Wird er jedoch gestört, kann er im Zorn aufspringen und die Leistungsfähigkeit des Unternehmens zerstören.

Die Haupteingangstür darf niemals direkt auf einen Treppenlauf münden, da dies der Kanal ist, durch den das Qi sich im Gebäude verteilt. Ist die Vordertür ununterbrochen in Bewegung, dann könnte gutes Qi leicht an die Straße verlorengehen. Diese Regel gilt auch für die Toilettenräume, da sie eine Quelle starker Yin-Geister sind und diese mit den Yang-Geistern, die durch den Haupteingang in das Gebäude gelangen, zusammenstoßen könnten. Darüber hinaus sollte die Küche nur dann vom Hauseingang her sichtbar sein, wenn das Unternehmen etwas mit Bewirtung zu tun hat. Die Aktivitäten, Geräusche und Dämpfe, die aus einer Küche dringen, wirken anfangs für Besucher erdrückend.

Am Arbeitsplatz

Die kraftvoll pulsierendsten Teile eines Geschäftsgebäudes sind das Chefbüro und die Buchhaltung. Unglückbringende Feng-Shui-Ergebnisse in einem dieser Bereiche beeinträchtigen die Moral und den Erfolg der gesamten Firma. Ein schlechtes Feng-Shui-Ergebnis in einem anderen Bereich schwächt demgegenüber nur ein Glied des Unternehmens.

Der Zugang zum Chefbüro sollte hell und geräumig sein, damit das Qi gleichmäßig hineingelangen und frei fließen kann. Büros am Ende langer, dunkler Gänge sperren das Qi ein und schwächen die Funktion des Managements. Büros, die über Flure erschlossen werden, sind annehmbar, wenn die Gänge gut beleuchtet und frei zugänglich sind. Befinden sich Büros und Wohnbereiche in ein und demselben Gebäude, dann müssen für jeden Bereich eigene Toilettenräume zur Verfügung stehen. Das Chefbüro sollte in einem höheren Stockwerk oder auf einem höheren Niveau liegen als die Toilettenräume, damit Sha nicht in die Arbeitsräume gelangen kann, sollte es einmal Schwierigkeiten mit dem Abwasser oder Rohrverstopfungen geben.

Die Positionierung des Schreibtisches in den einzelnen Büroräumen, vor allem im Chefzimmer, ist von großer Bedeutung, da das die Leistungsfähigkeit der Angestellten mitbestimmt. Nur in dem Fall, daß es das Geschäft verlangt, daß der Kunde einen Verkaufsraum betritt, darf der Chefschreibtisch dem Blick der Öffentlichkeit ausgesetzt sein. Sonst sind Abgeschiedenheit und Ruhe die Voraussetzung für ein Maximum an Konzentration und damit Geschäftserfolg. Befinden sich außer dem Chefschreibtisch noch andere Schreibtische im Raum, dann sollten sie in geordneten Reihen um ihn aufgestellt werden, so daß das Qi gleichmäßig fließen kann. Eine Tür darf sich niemals direkt auf einen Schreibtisch hin öffnen. Um jedoch Überraschungen auszuschließen, sollte die Person, die am Schreibtisch arbeitet, immer gleich erkennen können, wer den Raum betritt. In manchen Fällen mag es nötig sein, zu diesem Zweck einen Spiegel anzubringen.

Der beste Platz für einen Schreibtisch ist in der Ecke, die der Tür schräg gegenüberliegt und wo man mit dem Rücken Richtung Wand sitzt. Der Qi-Fluß kann noch gesteigert werden, indem man Pflanzen oder Stehlampen hinter dem Schreibtisch

Links: Der Qi-Fluß zu Büros, die am Ende von langen, dunklen Gängen liegen, ist eingeschränkt, was zu einer Schwächung der Betriebsorganisation führen kann.

Rechts: In einem Großraumbüro sollte sich der Chefschreibtisch auf dem Platz befinden, der am meisten Glück bringt, und die übrigen Tische müssen in geordneten Reihen aufgestellt werden, damit das Qi sie leichter umkreisen kann.

Ein Schreibtisch sollte der Zimmertür nicht direkt gegenüberliegen, da das hereinströmende Qi erdrückend wirken kann.

Mit Überraschungen müssen Sie rechnen, wenn Sie mit dem Rücken zur Tür sitzen. Ein Spiegel sollte so angebracht werden, daß Sie sehen können, wer den Raum betritt.

Der beste Standort für einen Schreibtisch ist in der hinteren Ecke schräg gegenüber der Tür, wo Sie mit dem Rücken Richtung Wand sitzen. Die Wand schafft ein Gefühl von Stabilität, und Pflanzen und Lampen auf und um den Schreibtisch herum ziehen Qi an und verbessern seinen Fluß.

aufstellt. Eine Wand schafft ein Gefühl von Stabilität und wird mit einem Berg assoziiert, der Unterstützung und Schutz bietet, Lampen bringen mehr Qi in den Raum, und Pflanzen fügen eigenes Qi hinzu und beleben träges. Wenn Sie mit dem Rücken zur Tür oder in der Nähe eines Fensters sitzen, dann wird Ihnen, so heißt es, Ihre Konzentration und Autorität durch die »leere Tür« entgleiten. Im allgemeinen mildern angemessen plazierte Spiegel, Tischlampen und Pflanzen die Auswirkungen eines schlecht positionierten Schreibtisches.

All diese Hinweise beziehen sich auch auf Geldschränke und Registrierkassen. Wenn Ihr Unternehmen nicht mit Publikumsverkehr arbeitet, sollte die Buchführung an einen ruhigen, abgeschirmten Ort verlagert werden. Arbeiten Sie jedoch in einem Laden oder Restaurant, dann ist es gut, wenn sich die Kasse im Zentrum des Geschäfts befindet, um den Geldfluß in das Unternehmen zu lenken.

Von Pflanzen, Aquarien, Gemälden, Drucken und bestimmten Farben glaubt man ebenfalls, daß sie zum Florieren eines Geschäfts beitragen. Von Fischen meint man, daß sie Geld symbolisieren, da das chinesische Wort für Fisch (*yu*) ähnlich klingt wie jenes für Überschuß (*yu*). Wie im Privathaus, so hält man auch hier eine ungerade Zahl von Fischen in einem Aquarium für glückbringend. Am Arbeitsplatz ziehen sie Geld an, und wenn Luftblasen durch einen Wasserfilter geschickt werden, wird auch frisches Qi freigesetzt. Pflanzen aktivieren Qi und schaffen ähnlich wie Landschaftsbilder Harmonie. Wenn nach Ihrem Ba-Zi-Kompaß Ihr Trigramm entweder Li oder Zhen ist, dann sollten Sie sich mit ausladenden, großblättrigen Pflanzen umgeben. Ist Ihr Trigramm jedoch Gen oder Kun, so ist es besser, Pflanzen maßvoll einzusetzen – eine Pflanze an der Tür oder auf dem Reichtumspunkt genügt. Alle anderen Trigramme vertragen sich mit einem ausgewogenen Einsatz von Pflanzen. Dieser Rat bezieht sich gleichermaßen auf Wohnung und Arbeitsplatz: In einem Wohnhaus oder in einer Wohnung liegt der Reichtumspunkt idealerweise im Wohnzimmer, im Geschäft findet man ihn im allgemeinen in einem ruhigen, privaten Raum, wo wichtige finanzielle Entscheidungen getroffen werden.

Farbe

Die Anwendung von Farben unterscheidet sich je nach Art des Unternehmens. Rot und Gold werden allgemein mit Glück in Verbindung gebracht und sind deshalb die bevorzugten Farben bei der Ausgestaltung von chinesischen Lokalen und Geschäften. Unternehmen, die mit dem Handel zu tun haben, sollten Vasen mit großen Blüten wie Pfingstrosen und Lilien aufstellen. Wenn das nicht möglich ist, haben auch Blumengemälde den gewünschten Erfolg. Grundsätzlich eignet sich eine Schwarzweißgestaltung für Militärbehörden oder Polizeistationen, wohingegen eine hellere und weniger strenge Farbgebung bei den Büros der Medien- und Werbeindustrie angemessen ist. Welche Farben, Pflanzen und Bilder auch immer gewählt werden – sie sollten das Gefühl von Ausgeglichenheit vermitteln, da sie sowohl das Befinden der Menschen, die sich in den Räumen aufhalten, beeinflussen als auch die Bewegung des Qi.

Berg

SECHSTES KAPITEL

Feng-Shui draußen in der Natur

Feng-Shui ist nicht nur auf einen Gegenstand oder einen Ort beschränkt: Es wird als eine Wissenschaft und Kunst betrachtet, die alles in unserer Umgebung umfaßt. Wie wir leben und womit wir uns umgeben, ist auf komplexe Weise mit der Topographie der Landschaft und mit den Elementen und Naturkräften, die um uns herum wirken, verbunden; wir existieren nicht abgeschnitten von den mächtigen Gestaltungskräften der Natur. Diese Achtung für die Arbeit der sichtbaren und der unsichtbaren Kräfte in der Landschaft ist das Herz von Feng-Shui. Bisher lag der Schwerpunkt bei der Deutung Ihrer unmittelbaren Umgebung und bei dem Verstehen von Feng-Shui innerhalb von bebauten Flächen. Dieses Kapitel wendet sich nun den Feng-Shui-Prinzipien in der freien Natur zu und wie sie unsere Umgebung beeinflussen.

Die Symbole und die Sprache der chinesischen Geomantie sind von der grandiosen chinesischen Landschaft geprägt worden, insbesondere von ihren Bergen und Flüssen. Ihr Wechselspiel formt diese beeindruckende Vielfalt. Berge und Hügel kontrollieren den Lauf des Wassers, und als Gegenleistung dafür nährt das Wasser die Erde. Man kann Stellen mit reichem Qi an der Vegetationsfülle erkennen, wohingegen verkümmerte Pflanzen und trockene Gegenden auf einen Mangel an gesundem Qi hinweisen. Die Formen der Berge und Wasserläufe sind genauso bedeutsam wie die

Fruchtbarkeit des Bodens, die Menge an Sonnenlicht und Schatten, die Standorte der Gebäude und die allgemeine Atmosphäre, die durch diese unterschiedlichen Elemente geschaffen wird. Die Fähigkeit, günstige und ungünstige Eigenschaften der Landschaft zu erkennen, ist deshalb unschätzbar, wenn es darum geht, einen Platz zum Siedeln zu wählen oder den Menschen, die bereits dort leben, zu helfen, ihre Häuser glückbringend zu gestalten.

Das Dao der Natur

So ist der SINN groß, der Himmel groß, die Erde groß,
und auch der Mensch ist groß.
Vier Große gibt es im Raume,
und der Mensch ist auch darunter.
Der Mensch richtet sich nach der Erde.
Die Erde richtet sich nach dem Himmel.
Der Himmel richtet sich nach dem SINN.
Der SINN richtet sich nach sich selber.

(Laotse, Tao te King, übersetzt von Richard Wilhelm)

Die Vorstellung, in Harmonie mit dem Dao, dem natürlichen Lauf, zu leben, steht seit über zweieinhalbtausend Jahren im Zentrum der chinesischen Philosophie. Dao ist in allem und gibt dem Universum Ordnung, Einheit und Rhythmus. Diese Philosophie schenkte den Chinesen einen tiefen Respekt für die Natur, was erklärt, warum ihre Tempel, Bauernhöfe und Häuser so gestaltet sind, daß sie die Landschaft erhöhen, statt sie zu schmälern. Die Gebäude selbst wurden aus einheimischen Baustoffen wie Stein, Pflanzenfaser und Holz errichtet, und so ist es auch heute noch in vielen ländlichen Gegenden. Das gesamte Landschaftsbild ist ein Spiegel der Beziehung zwischen den drei größten Kräften des Universums: Himmel, Erde und Menschheit.

In der chinesischen Religion wurde und wird noch heute der von Göttern, Göttinnen, Geistern und klugen Weisen, den Unsterblichen, bewohnte Himmel als die größte Kraft des Universums betrachtet, und der Jadekaiser herrschte über sie alle. Der Kaiser von China, den man für den Sohn des Himmels hielt und der von diesem sein Herrschermandat erhalten hatte, stellte die Verbindung zwischen den Menschen und dem Himmel dar. Auch das Band zwischen den Menschen und der Erde empfand man als stark, schließlich war die chinesische Gesellschaft vor allem landwirtschaftlich organisiert. Das Jahr berechnete man nach den Mondphasen, dem Zyklus der Jahreszeiten und dem Aussähen und Ernten der Feldfrüchte. Zu Anfang eines jeden landwirtschaftlichen Jahres eröffnete und leitete der Kaiser religiöse Rituale, um im ganzen Land die Harmonie wiederherzustellen und den Segen für das kommende Jahr zu erbitten. Durch diese Rituale festigte der Kaiser, als Symbol für die Menschheit, die Beziehung zwischen Himmel, Erde und Menschheit.

Obwohl die Zeit der Kaiserherrschaft schon lange vorbei ist und Millionen Menschen vom Land in die Städte gezogen sind, ist im Feng-Shui die Vorstellung von der engen Verbindung zur Natur erhalten geblieben. Ein Feng-Shui-Experte kann in der Landschaft lesen und Stärken und Schwächen in natürlichen Formationen erkennen, und er weiß auch von unseren Begrenzungen in bezug auf die natürlichen Elemente, Kräfte und Merkmale.

Berge und Hügel

Eines der beliebtesten Sujets chinesischer Landschaftsmaler ist die bergige Landschaft. Der Gipfel wurde schon immer als der Punkt begriffen, an dem Himmel und Erde aufeinandertreffen. Er ist der Aufenthaltsort des Eremiten, ein Ziel für Pilger und ein Ort für Opfergaben, und über seine Berghänge sind Tempel und Schreine verteilt. Auf hohe, nebelumwölkte Gipfel folgen Hügel, Wasserfälle und Haine, die wiederum sanft in Ebenen und Flüsse übergehen. Menschen leben in dieser Landschaft, segeln auf Flüssen, pflügen Felder und besiedeln Berghänge; auf diese Weise ordnen sie sich der Macht der Naturgegebenheiten unter. Diese Vorstellung, in Harmonie mit der natürlichen Ordnung zu leben, ist ein Spiegelbild des Dao.

Die Berggipfel in klassischen chinesischen Landschaften strecken sich dem Himmel entgegen, aber das Steile und Schroffe ihrer Gestalt wird von den Bergausläufern und von den Ebenen aufgehoben, die sich im Schatten der Gipfel erstrecken. Ohne den Ausgleich der sanften Bergausläufer und des hügeligen Landes wäre das Yang der Berggipfel erdrückend. Im Gegensatz zu ihnen sind die Wolken Yin. Auch die tiefliegenden Ebenen erzeugen Yin und benötigen das Yang der Berge, um eine dynamische Harmo-

Eine klassische chinesische Landschaft. Das Yang der Berggipfel wird vom Yin der Ebene ausgeglichen, und sie schaffen zusammen mit den Wolken eine dynamische Harmonie.

nie zu erschaffen. Folglich ist eine flache, eintönige Ebene alles andere als ein vielversprechendes Feng-Shui-Grundstück; dort gibt es wenig Bäume, Strauchwerk, Blütenpflanzen oder Bäche, die Qi erzeugen, und keine Hügel, Täler oder Städte, die es leiten oder bremsen könnten.

Jede Landschaft, ob gebirgig oder flach, ist jedoch die Heimat des Drachen, jener mythischen Gestalt, die durch das Land streift und voller Qi vibriert. Der Körper des Drachen ist in allen Umrissen von Hügeln oder Landschafts- und Bodenformationen zu erkennen. Die durch die Landschaft fließenden Wasserläufe sind die Adern des Drachen, und da Wasser überall ist, so ist auch der Drache überall. In der Feng-Shui-Tradition ist das Land in all seinen Gestalten der Erddrache, und die Flüsse und Bäche bilden den Wasserdrachen.

Der Drache ist die mächtigste Kreatur. Man glaubt, daß er über das Land ausgebreitet liegt. Er ist daher für Feng-Shui von zentraler Bedeutung, aber er stellt nicht das einzige Wesen dar, das man in der Gestalt und den Formen der Landschaft sieht. In gewisser Weise können die Landschaftsformen all das sein, was Sie persönlich daraus lesen. Sie erinnern an Menschen, Tiere oder Gegenstände, und sie nehmen den Charakter dessen an, was mit ihnen assoziiert wird. Wenn Unglück oder Glück ein bestimmtes Gebiet treffen, dann betrachten manchmal die dort lebenden Menschen die Landschaft und versuchen Besonderheiten zu entdecken, die vielleicht ihr Schicksal beeinflußt haben könnten. Ein Hügel oder Fels sieht vielleicht wie die Kralle eines Tigers aus, wie ein Haus ohne Dach, ein umgekehrtes Boot, ein offenes Buch oder eine Opferschale. Solche Assoziationen können hilfreich sein, wenn es darum geht, eine Pech- oder Glückssträhne zu erklären. Falls beispielsweise ein bestimmter Naturplatz mit fortwährendem Unglück verbunden wird, so ist es im allgemeinen möglich, Abhilfe zu schaffen. Steine oder Erde könnten hinzugefügt werden, um die Form zu verändern, und eine Mauer könnte errichtet, eine Baumgruppe gepflanzt oder ein Schrein oder eine Pagode aufgestellt werden, um die Harmonie in die Landschaft zurückzubringen. Auf gleiche Weise sollten Anstrengungen unternommen werden, wenn die Harmonie einer mit Glück assoziierten Landschaftsform beispielsweise durch Arbeiten an einem Gebäude oder einer Straße verletzt wird.

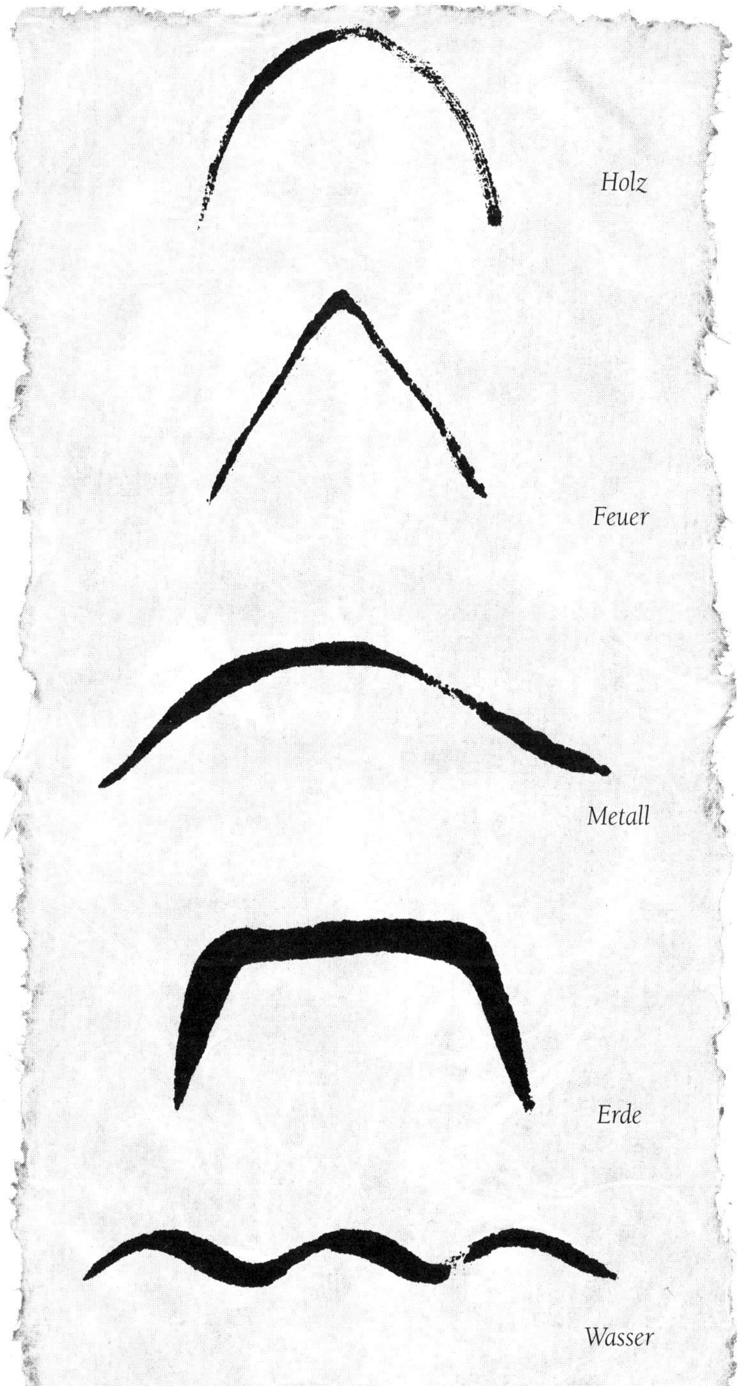

Die fünf Elemente in der Gestalt der Landschaftsformationen.

Erde erzeugt Metall. Dies ist eine positive Landschaftsformation und deutet auf ein gutes Feng-Shui-Grundstück hin.

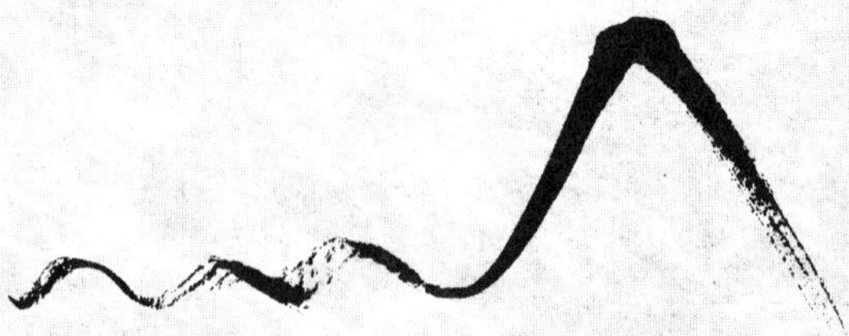

Wasser zerstört Feuer. Diese Landschaftsformation zeigt die Möglichkeit von Überflutungen an.

Die Form besonderer Felsblöcke, Hügel und Berge wird mit den fünf Elementen Holz, Metall, Feuer, Erde und Wasser verknüpft. In der Deutung bestimmter Landschaftsgrundformen können sie schöpferisch oder zerstörerisch wirken, je nachdem, was die gründliche Feng-Shui-Untersuchung für dieses Gebiet ergeben hat. Beispielsweise könnte eine Familie, die einen florierenden Holzhandel betreibt, einen Teil ihres Erfolgs auf nahegelegene Felsblöcke zurückführen, die wie das Element Holz geformt sind, während ein Betrieb, der Probleme mit seinen Rohrleitungen hat oder unter Überflutungen leidet, dies auf die wie Wasser geformten Hügel zurückführen muß. Je nach Notwendigkeit und Umständen ist es leicht, glück- und unglückbringende Vorzeichen zu finden.

Gegen Ende des neunzehnten Jahrhunderts wurde Hongkong beständig von Feuersbrünsten heimgesucht. Dies führte man auf die Gestalt der Bergausläufer zurück, die sich an der Basis des höchsten Gipfels Richtung Hongkong erstrecken. Die Bergausläufer hatten die Form des Elements Feuer, und der Gipfel ähnelte einem Stoß Holz. Demnach entzündete das Feuer den Holzstoß immer wieder von unten.

Bäume

Gesunde Bäume weisen auf gesundes Qi im Boden hin. Je fruchtbarer und grüner der Baum, desto größer ist die Wahrscheinlichkeit, daß er seinem Standort Glück bringt. Bäume können die Wächter eines Grundstücks sein, es vor schädlichen Einflüssen schützen und lebenspendendes Qi erzeugen. Aber ein vernarbter und sterbender Baum kann die genau gegenteilige Wirkung haben und dem Ort Energie oder den Lebensatem rauben. Sie sollten Büsche und Bäume in Ihrer Umgebung pflegen, indem Sie tote Äste zurückschneiden und sterbende Bäume entweder entfernen oder behandeln, um das Glück in Ihr Heim zu rufen. Wenn Sie daran denken, neue Bäume zu pflanzen, so sind Nadelbäume besonders zu empfehlen, da ihre Nadeln ununterbrochen Qi erzeugen. Oft kann ein einziger gut plazierter Nadelbaum eine bessere Feng-Shui-Umgebung herstellen als eine ganze Baumgruppe.

Wasser

Höchste Güte ist wie das Wasser.
Des Wassers Güte ist es,
allen Wesen zu nützen ohne Streit.
Es weilt an Orten, die alle Menschen verachten.
Drum steht es nahe dem SINN.

(Laotse, Tao te King, übersetzt von Richard Wilhelm)

Ein idealer Bauplatz an einem Wasserlauf wird von einem Fluß oder Bach umarmt, der in sanften Mäandern schwingt und es so dem lebenspendenden Qi gestattet, seinem Lauf sanft zu folgen. Ein Gebäude, das in der Biegung eines Wasserlaufs errichtet ist, wird von dem dort zu findenden wohlausgewogenen Qi beeinflußt. Im Gegensatz hierzu bilden scharfe Flußbiegungen oder ein abruptes Ende des Flusses pfeilähnliche Linien, die nicht nur den Qi-Fluß unterbrechen, sondern sogar Sha oder schädliche Kräfte zum Grundstück leiten.

Wenn Sie an einem glückbringenden Ort wohnen, dann wird das Qi, das dem Wasserlauf bei Ihrem Haus sanft folgt, Wohl-

Günstige Standorte in Verbindung mit einem Wasserlauf.

Ungünstige Standorte in Verbindung mit einem Wasserlauf.

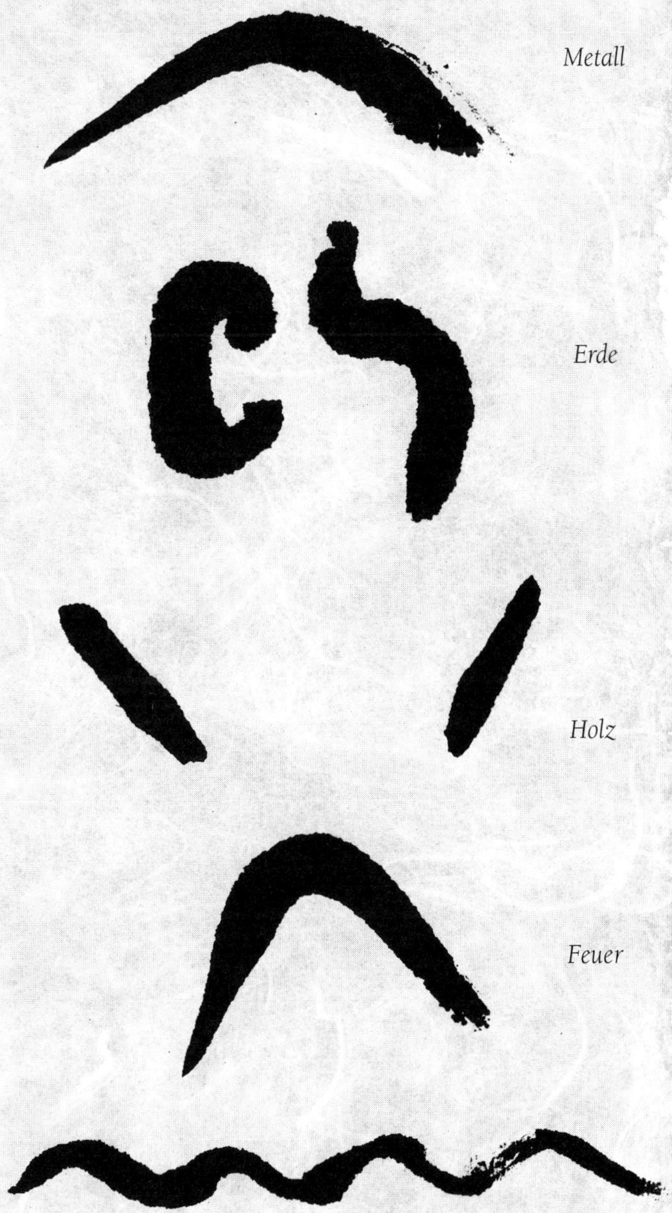

Die Fünf Elemente in der Gestalt von Wasserläufen.

stand und Gesundheit in Ihr Heim bringen. Es gibt jedoch auch eine Reihe von Plätzen, die Unglück und Krankheit in Ihr Heim leiten. Wenn Sie an einem solchen Ort leben, dann gibt es Wege, um diesen unglückbringenden Standort auszugleichen und schädliche Einflüsse sowie Sha vom Eindringen in Ihr Haus abzuhalten. Gut plazierte Spiegel können schädliche Kräfte ableiten, und gesunde Pflanzen ziehen Qi herbei und bilden einen Schutzschild.

Die fünf Elemente werden nicht nur in den unterschiedlichen Gestalten von Bergen und Hügeln gesehen, sondern sind auch mit bestimmten Formen in Flüssen und Bächen verbunden. Nach dem klassischen Buch über den Wasserdrachen werden Wasser, Erde und Metall als die Formen interpretiert, die am meisten Glück bringen (es gibt übrigens zwei mögliche Formen für Erde). Wie bei Landschaften, so kann auch das Aufeinandertreffen von Flüssen und Bächen unterschiedlicher Elementeform entweder eine schöpferische oder eine zerstörerische Kombination ergeben; das Ergebnis hängt von der Beziehung der Elemente zueinander

Wasser, das in Metall eindringt, ist ein Hinweis auf Reichtum und Ansehen.

Holz – oder nach einer anderen Interpretation Feuer –, das in Metall eindringt, zeigt hier eine Zeit des Unglücks an.

ab. Sie können die Tabelle im dritten Kapitel heranziehen, um diese Verbindungen zu überprüfen (siehe Seite 44). Trifft zum Beispiel – je nachdem, wie Sie die Formen interpretieren – Holz auf Metall oder Feuer auf Metall, so bedeutet dies eine Phase des Unglücks für die Familie, wohingegen Wasser, das auf Metall stößt, ein Zeichen für Reichtum und Ansehen ist.

Feng-Shui und die Umwelt

Ob Sie nun vorhaben, ein Haus in einer ländlichen oder städtischen Gegend zu kaufen oder zu bauen, die geltenden Grundregeln sind immer die gleichen. In der Stadt finden Sie anstelle von Flüssen, Tälern und Hügeln zwar Hochhäuser, Straßen und Einkaufszentren, aber Sie sollten dennoch den Fluß und die Verbreitung von Qi und das Zusammenspiel von Yin und Yang spüren. Vielleicht sind in der Gegend Ihres Bauplatzes die Hügel zu hoch, zu ungeschützt oder erdrückend. Oder vielleicht sind die Flußbiegungen zu scharf und nicht sanft genug, um ein Gefühl des Friedens zu schaffen. Achten Sie immer auf Ihre Umgebung; halten Sie nach Möglichkeiten Ausschau, die dynamische Harmonie in dem Gebiet, in dem Sie leben, zu verbessern.

Sorgen Sie dafür, daß Bäume, Büsche und andere Pflanzen gesund sind und nicht verkümmern oder verwelken. Oder Sie müssen vielleicht erst Bäume, Büsche und Feldfrüchte anpflanzen. Nutzen Sie den natürlichen Reichtum Ihrer Umgebung wie zum Beispiel Steine und Holz, um Harmonie zur Landschaft herzustellen. Sie werden entdecken, daß es eine Reihe von Möglichkeiten gibt, die Architektur oder Farbe Ihres Zuhauses in Harmonie mit den Farben und Formen seiner Umgebung zu bringen.

Es ist nicht immer möglich, das perfekte Zuhause zu gestalten. Wir alle leiden beispielsweise unter der Bedrohung durch Luft- und Wasserverschmutzung und der Vergiftung des Bodens, und zwangsläufig gerät der wachsende Bedarf an Wohnraum in Konflikt mit der Notwendigkeit, die natürliche Landschaft zu erhalten. In ländlichen Gegenden sind vielleicht die Folgen von Bergbau, Kiesgruben und Kahlschlag schwer zu heilen. Oft können Aktivitäten bescheidenen Umfangs bereits ein Anfang sein, den Schaden, der Land, Luft oder Wasser zugefügt wurde, zu beheben.

Auf der praktischen Ebene setzt Feng-Shui ein Hinwenden und Einstimmen sowohl auf ländliche als auch auf städtische Umgebungen voraus. In dieser Hinsicht ist das verantwortliche Praktizieren von Feng-Shui verwandt mit solider Umweltpolitik. Hier wird der Versuch unternommen, die Fehler der Vergangenheit zu korrigieren; Anstrengungen werden gemacht, die persönliche Umgebung zu gestalten, für eine Nutzung in Gegenwart und Zukunft.

NACHWORT

Die Informationen in diesem Buch sind Richtlinien für die Kunst des Feng-Shui. Da aber jede Situation und jedes Bedürfnis individuell unterschiedlich ist, so wird auch jede Feng-Shui-Deutung zu einem anderen Ergebnis führen. Feng-Shui-Experten haben ihre eigenen persönlichen Arbeitsmethoden, und es gibt keine unumstößlichen oder festen Regeln, um die Feng-Shui-Praxis festzulegen.

Feng-Shui war ursprünglich eine praktische Wissenschaft. Der Feng-Shui-Meister bewertete ein Grundstück, gab Rat und machte Veränderungsvorschläge, aber er war weder ein Priester noch ein Magier. Er kannte die Feinheiten des Wechselspiels von Yin und Yang und von der Bewegung des Qi, aber er traf weder astrologische Voraussagen, noch stellte er Talismane her oder handelte als Mittler zur Geisterwelt. Das sind Ergänzungen, die erst im Laufe der Jahrhunderte hinzugekommen sind, und es gibt noch heute Experten, die in diesen Dingen bewandert sind.

Ohne Jahre der Übung kann ein normaler Anwender nicht auf der gleichen Ebene arbeiten wie ein Meister. Doch basiert vieles im Feng-Shui auf gesundem Menschenverstand, verbunden mit dem besonderen chinesischen Verständnis für die Natur. Es ist nicht immer möglich, ein ideales Haus, einen idealen Garten zu schaffen oder das vollkommene Grundstück zu finden. Sie sollten sich deshalb auf Unvollkommenheiten und Probleme gefaßt machen, aber geben Sie wegen eines Unglück prophezeienden Ergebnisses nicht gleich auf. Es besteht in jeder Situation die Möglichkeit für Korrekturen, Veränderungen und Verbesserungen.

LITERATUR

Bary, Theodore de (Hrsg.): *T'ai-chi-t'u Shou, Source of Chinese Tradition.* Band 1. Columbia/USA 1960.

Chu Binjie: *Mythen aus China.* Beijing 1986.

Diener, Michael S./Ehrhard, Franz-Karl/Fischer-Schreiber, Ingrid/ Friedrichs, Kurt: *Lexikon der östlichen Weisheitslehren – Buddhismus, Hinduismus, Taoismus und Zen.* Bern/München/Wien 1986.

Eberhard, Wolfram: *Lexikon chinesischer Symbole. Die Bildsprache der Chinesen.* München 1983.

Feuchtwang, Stephen D. R.: *An Anthropological Analysis of Chinese Geomancy.* Taipei 1974.

I Ging. Das Buch der chinesischen Weissagung. Bern/München/Wien 1975 (NA).

Kwok, Man-Ho/O'Brien, Joanne: *Chinese Myths and Legends.* London 1990.

Kwok, Man-Ho/O'Brien, Joanne: *The Elements of Feng Shui.* Dorset/England 1991.

Kwok, Man-Ho, mit Palmer, Martin/O'Brien, Joanne: *Authentic Chinese Horoscopes.* London 1987.

Lau, D. C. (Übers.): *Mencius.* London 1960.

Lip, Evelyn: *Chinese Geomancy.* Singapore 1979.

Needham, Joseph: *Science and Civilization in China. History of Scientific Thought.* Band 2. Cambridge/USA 1956.

Palmer, Martin/Kwok, Man-Ho/O'Brien, Joanne: *The Fortune Teller's I Ching.* London 1986.

Palmer, Martin (Hrsg.): *T'ung Shu. The Ancient Chinese Almanac.* London 1986.

Rossbach, Sarah: *Wohnen ist Leben. Feng-Shui und harmonische Raumgestaltung.* München 1989.

Rossbach, Sarah: *Die Zukunft bauen. Feng-Shui und die ökologische Landschaftsgestaltung.* München 1990.

Walters, Derek: *Die Kunst des Wohnens – Feng-Shui. Bauen, Gestalten, Einrichten nach den Regeln der alten chinesischen Harmonielehre.* Bern/München/Wien 1993.

Wilhelm, Richard (Übers.): *Mong Dsi. Die Lehrgespräche des Meisters Meng K'o.* Düsseldorf/Köln 1982 (NA).

Wilhelm, Richard (Übers. u. Hrsg.): *I Ging. Das Buch der Wandlungen.* München 1989 (NA).

Wilhelm, Richard (Übers. u. Hrsg.): *Laotse. Tao te King, Das Buch vom Sinn und Leben.* München 1989 (NA).

INDEX DER VERWENDETEN CHINESISCHEN SCHRIFTZEICHEN

Die Wade-Giles-Transskription war bisher das verbreitetste und am häufigsten benutzte System, um Chinesisch in europäische Sprachen zu übertragen. Seit 1958 gilt jedoch die von der Volksrepublik China offiziell eingeführte Hanyu-Pinyin-Umschrift, und sie ist daher die Grundlage dieses Buches. In der folgenden Tabelle finden Sie sowohl beide Transkriptionen als auch das chinesische Schriftzeichen für alle Begriffe, die in diesem Buch benutzt wurden.

Um Ihnen das Nachschlagen zu erleichtern, wurden auch bei den vierundsechzig Hexagrammen die chinesischen Schriftzeichen beigefügt, da es eine Reihe von Begriffen gibt, die in der Transkription zwar gleich geschrieben werden, jedoch unterschiedlichen Bedeutungen und chinesischen Schriftzeichen zuzuordnen sind.

Hanyu-Pinyin-Umschrift	Wade-Giles-Umschrift	chinesische Schriftzeichen
Ba Gua	Pa Kua	八卦
Ba Zi	Pa Tzu	八字
Bi	Pi	比
Bi	Pi	贲
Bo	Po	剥
Cui	Ts'ui	萃
Da Chu	Ta Ch'u	大畜
Da Guo	Ta Kuo	大过
Da You	Ta Yu	大有
Da Zhuang	Ta Chuang	大壮
Dao	Tao	道
Ding	Ting	鼎
Dui	Tui	兑
Dun	Tun	遯
Feng	Feng	丰
Fu	Fu	复
Fu Xi	Fu Hsi	伏羲
Ge	Ke	革
Gen	Ken	艮
Gou	Kou	姤
Gu	Ku	蛊
Guai	Kuai	夬
Guan	Kuan	观
Gui Mei	Kuei Mei	归妹
Heng	Heng	恒
Huan	Huan	涣
Ji Ji	Chi Chi	既济
Jia Ren	Chia Jen	家人
Jian	Chien	渐
Jie	Chieh	解
Jie	Chieh	节
Jin	Chin	晋
Jing	Ching	井
Kan	K'an	坎
Kui	K'uei	睽
Kun	K'un	坤
Kun	K'un	困
Li	Li	离
Li	Li	理
Lin	Lin	临
Lü	Lü	旅
Luo	Lo	洛
Meng	Meng	蒙
Ming Yi	Ming I	明夷
Pan Gu	P'an Ku	盘古
Pi	P'i	否
Qi	Ch'i	气
Qian	Ch'ien	乾
Qian	Ch'ien	谦
Qian Han Shu	Ch'ien Han Shu	前汉书
Qing Ming	Ching Ming	清明
Sha	Sha	煞
Sheng	Sheng	升
Shi	Shih	师
Shi He	Shih He	噬嗑
Sui	Sui	隋
Song	Sung	讼
Sun	Sun	损
Tai	T'ai	泰
Tong Ren	T'ung Jeng	同人
Tun	Chun	屯
Wei Ji	Wei Chi	未济
Wu Wang	Wu Wang	无妄
Xian	Hsien	咸
Xiansheng	Hsien-sheng	先生
Xiao Chu	Hsiao Ch'u	小畜
Xiao Guo	Hsiao Kuo	小过
Xu	Hsü	需
Xun	Hsün	巽
Yang	Yang	阳
Yi	I	益
Yi Jing	I Ching	易经
Yin	Yin	阴
Yu	Yu	鱼
Yu	Yu	余
Yü	Yü	豫
Zhen	Chen	震
Zhong Fu	Chung Fu	中孚
Zhou	Chou	周
Zhou Dunyi	Chou Tun-yi	周敦颐
Zhu Xi	Chu Hsi	朱熹

Register

Kursiv gesetzte Ziffern verweisen auf Abbildungen

A

Affe 62–63
Akademische Karriere 12–13
Arbeitsplatz 90–97

B

Ba-Zi-Kompass 17, *18*, *19*, 20, 22
Badezimmer *85*, 86
Bäume 102, 106
Berge und Hügel 99, *100*, 101–102, 105
Buch der Wandlungen 26

C

Chefbüro 95, *96*
Chinesische Geomantie 20, 84, 98
Chinesische Landschaft 98–99
Chinesische Tierzeichen 20, *21*, 22, 45–69

D

Dao 9, 15, 99
Drache 54–55, 101

E

Eingangstür 81–84, *83*, 91, *94*, 95
Elemente 9, 20, 44–45, *101*, *105*
Erddrache *11*

F

Farben 84, 86, 89, 97
Felsen 12–13, *12*
Feng-Shui 23, 107
Feng-Shui-Kompass 16–17, *17*, 20, 22–69
–, 1. Ring 25–26
–, 2. Ring 44
–, 3. Ring 44–45
–, 4. und 7. Ring 45
–, 5. und 8. Ring 45–69
–, 6. Ring 70
Feng-Shui-Lineal 71–73, *72*
Fenster 86, *86*
Friedhof 10
Fu Xi 14, 26

G

Gebäude 10, 16, 77, 84, 93
Gelber Drache 14
Grüner Drache 75, *75*, *76*, 91, *94*, 95
Günstige und ungünstige Standorte 102, *103–104*, 105

H

Hahn 64–65
Hase 52–53
Herzog von Zhou 15
Hexagramme 15, 26–27
– des I Ging 28–43
Himmels-Qi 14
Himmelsbecken 22
Hongkong 10, 102
Hund 66–67

I

I Ging 14–15, 26
Innere Gestaltung 84–85

J

Jadegürtel *92*, 93

K

König Wen 15, 26
Küche 85, *85*, 86, *87*, 88, *94*

L

Landdrache 13
Li 13, 97

M

Mencius 9

O

Ochse 48–49
Ökologie 9
Östliches Leben *18*, 20

P

Pan Gu *6*, *7*
Pferd 58–59

R
Ratte 46–47
Reichtumspunkt *88*, 89
Roter Vogel 75, *75*, 77

S
Schlafzimmer 85–86, *85*
Schlange 56–57
Schwarze Schildkröte 75, *75*
Schwein 68–69
Sha 13–14
Spiegel 70–71, *70*

T
Tiger 50–51

V
Vier Tier-Geister 74–75

W
Wasser 9, 13, 102, *103*, *104*
Wasserdrache 13
Weißer Tiger 75, *75*, *76*, 91, *94*, 95
Westliches Leben *19*, 20
Wohnzimmer 85, 88–89

Z
Zhen 97
Zhou Dunyi 9
Ziege 60–61

Danksagung

Wir danken allen Kollegen und Freunden von ICOREC, besonders Martin Palmer, Elizabeth Breuilly, Josephine Edwards und Stephen Robinson, für ihre unschätzbare Hilfe und ihren Rat bei der Entstehung dieses Buches. Außerdem möchten wir unserer Lektorin Tessa Monina Dank aussprechen sowie Sarah Howerd für die Gestaltung und Meilo So für die Illustrationen.